VOX
Anglais

Le vocabulaire incontournable des examens et concours

Classé par niveaux

Christine Knott
et
Jean Pouvelle
Professeur en classes préparatoires littéraires,
lycée Jean Jaurès, Reims

ellipses

Des mêmes auteurs, chez le même éditeur

- *Du mot à la phrase – vocabulaire anglais contemporain*,
en collaboration avec M. Dumong, 216 pages.

- *Express – guide de l'expression anglaise*,
en collaboration avec M. Dumong & A.-R. Huart, 128 pages.

- *LOGOS – l'essentiel du vocabulaire anglais*,
en collaboration avec M. Dumong, 160 pages.

- *Le vocabulaire anglais du supérieur*,
en collaboration avec M. Dumong & A.-R. Huart, 400 pages.

ISBN 2-7298-1887-1

www.editions-ellipses.fr

Avant-propos

Ce recueil de vocabulaire reprend le schéma élaboré par F. Rouby et H. Scharfen dans leur ouvrage *VOX Allemand*. Il propose en 31 chapitres les mots indispensables pour faire face aux épreuves d'anglais des examens et concours. Les auteurs ont travaillé sur la base du lexique utilisé ces dernières années dans ce type d'épreuves.

Les critères de sélection ne sont donc nullement arbitraires. Ils reposent sur un choix concret et raisonné permettant au candidat de mieux organiser ses préparations. Il s'agissait d'éviter au maximum le superflu afin de répondre à un besoin réel ressenti par les élèves et étudiants.

Pour faciliter la progression de l'utilisateur, les chapitres sont présentés par bulles de niveau. Ce choix de vocabulaire accompagnera donc les élèves durant une ou plusieurs années. Son exploitation peut être particulièrement fructueuse dans les classes hétérogènes qui nécessitent des projets pédagogiques différenciés.

Les 31 chapitres peuvent couvrir la trentaine de semaines d'une année scolaire ou universitaire, mais servir également de support dans le cadre de révisions ou d'un travail en autodidacte.

Le vocabulaire est présenté d'abord en français, dans la colonne de gauche. Ceci vise à répondre aux besoins langagiers éprouvés par l'élève afin d'aborder un sujet d'essai ou de conversation. La colonne centrale propose la traduction. Celle de droite donne des explications de grammaire ou de civilisation et attire l'attention des élèves ou étudiants sur les écueils auxquels ils risquent de se heurter. En outre, certaines thématiques imposent le rappel de quelques mots-clés.

Les conjugaisons des verbes irréguliers sont systématiquement indiquées dans la troisième colonne quand la place le permet.

L'étudiant possédant un bon niveau d'anglais pourra apprendre ou réviser chaque chapitre en une seule fois. Le programme de révision s'étendra alors sur une année scolaire.

L'élève moyen pourra scinder son apprentissage en deux ou trois étapes : le travail pourra alors durer deux ans.

L'élève mal à l'aise en anglais pourra se contenter d'apprendre les trois ou quatre premiers niveaux qui, correctement maîtrisés, devraient lui fournir les rudiments permettant une conversation (ou un essai) simple.

Dans tous les cas, il sera important d'étudier soigneusement, non seulement les bulles de vocabulaire, mais aussi les tableaux correspondants contenant des exemples authentiques.

Abréviations utilisées dans ce manuel

att.	attention
n.p.c.	ne pas confondre
adj.	adjectif
adj. subst.	adjectif substantivé
adv.	adverbe
art.	article
prép.	préposition
conj. de sub.	conjonction de subordination
abrév.	abréviation
subst.	substantif
masc.	masculin
fém.	féminin
sing.	singulier
plur.	pluriel
ortho.	orthographe
trans.	transitif
c.o.d.	complément d'objet direct
intrans.	intransitif
dén.	dénombrable
indén.	indénombrable
inv.	invariable
litt.	littéraire
arch.	archaïque
fig.	figuré
inf.	infinitif
prét.	prétérit
p.q.p.	plus-que-parfait
qqch.	quelque chose
qqn	quelqu'un
s.o.	someone, somebody
smthg	something

Sommaire

Annexes

1. Britain

Niveau 1 / 5

la Grande-Bretagne	(Great) Britain	*att. pas d'art.* ; Britain = England + Scotland + Wales
un Britannique	a Briton	*plur.* Britons
britannique	British	*adj. ; les adj.de nationalité prennent une majuscule*
l'Angleterre	England	*un Anglais* : an Englishman ; *les Anglais :* the English *adj. substantivé, pas de -s, mais s'accorde au plur.*
l'Écosse	Scotland	*un Écossais :* a Scot, a Scotsman ; *les Écossais :* the Scots
le pays de Galles	Wales	*un Gallois :* a Welshman ; *les Gallois :* the Welsh *(adj. subst.)*
le Royaume-Uni	**the** United Kingdom	*att. art. ;* UK = Britain + Ulster
l'Irlande	Ireland	*un Irlandais :* an Irishman ; *les Irlandais :* the Irish *(adj. subst.)*
l'Irlande du Nord	Northern Ireland	*ou* Ulster
la république d'Irlande	the Irish Republic	*ou* Eire
les îles Britanniques	the British Isles	= UK + Eire
un royaume	a kingdom, a realm	*la Cour :* (the) Court
la monarchie	monarchy	*sens abstrait général, pas d'art. ; une monarchie :* **a** monarchy ; *un monarque :* a monarch
le Roi, la Reine	the King, the Queen	*le Roi Georges :* King George *(pas d'art. quand le titre est suivi du nom)*
le trône	the throne	*att. à l'ortho.*
une couronne	a crown	to crown : *couronner*
un prince, une princesse	a prince, a princess	*cf.* Prince Charles, Princess Margaret
un héritier	an heir	*att. h- muet*
hériter	to inherit	
régner	to reign	*att. à l'ortho.*
régir, réglementer	to rule	
gouverner	to govern	
désigner, nommer	to appoint	*nomination :* appointment

Niveau 2 / 5

le gouvernement	the government	*att. à l'ortho.*
le Premier ministre	the Prime Minister	
le Parlement	Parliament	*les deux chambres parlementaires :* the Houses of Parliament
parlementaire	parliamentary	*adj.*
la Chambre des lords	the House of Lords	*on peut aussi employer le terme* Peers *(les Pairs)*
la Chambre des communes	the House of Commons	*comparable à notre Assemblée Nationale*
un député	a Member of Parliament	*abrév.* MP, *plur.* MPs
une circonscription	a constituency	a constituent : *un électeur (par rapport au député)*
des élections législatives	a general election	*sing. (il n'y a qu'un tour)*
voter	to vote	
un électeur	a voter	*au sens général de celui qui vote*
le droit de vote	franchise	*indén. sing. ; pas d'art.*
une voix	a vote	to cast a vote for : *donner sa voix à*
le Président (d'une Chambre)	the Speaker	
le Parti Conservateur	the Conservative Party	*les Conservateurs :* the Conservatives, *ou* the Tories
le Parti Travailliste	the Labour Party	
voter travailliste	to vote Labour	
les Libéraux Démocrates	the Liberal Democrats	*remplacent les Libéraux dans les années 80*
les Libéraux	the Liberals	*ou* the Whigs (arch.)
les Verts	the Greens, the Green Party	

Niveau 3 / 5

un comté	a county	*parfois :* a shire ; *cf.* Yorkshire, Lancashire etc.
diviser	to divide	
un territoire	a territory	*adj.* territorial
inclure, comprendre	to include	*att. à l'ortho.*
ou :	to comprise	
une municipalité, une commune	a borough	
un conseil municipal	a town council	
le Maire	the Mayor	*fém.* Mayoress
une limite (territoriale)	a boundary, a limit	

une frontière	a border, a frontier	frontier *a également le sens de territoire inexploré à conquérir*
franchir une frontière	to cross a border	
la Manche	the (English) Channel	*le Pas de Calais :* the Straits of Dover
une colonie	a colony	
un empire	an empire	
un empereur, une impératrice	an emperor, an empress	
conquérir	to conquer	
un immigrant clandestin	an illegal immigrant	*ou immigré*
un demandeur d'asile	an asylum seeker	*cf.* to seek (I sought, sought) asylum
un autochtone	a native	
la double nationalité	dual nationality	*pas d'art.*
se voir accorder la nationalité britannique	to be granted British nationality	
voyager avec un passeport britannique	to travel **on** a British passport	
un fonctionnaire	a civil servant	*un haut fonctionnaire :* a top civil servant

Quelques exemples

1

- Queen Victoria reigned for 64 years from 1837 to 1901 — *La Reine Victoria régna 64 ans, de 1837 à 1901.*
- Since the 13th century the heir to the throne has had the title of Prince of Wales. — *Depuis le XIIIe siècle, l'héritier du trône porte le titre de Prince de Galles.*
- The Scots don't like foreigners to mix up Britons and Englishmen. — *Les Écossais n'aiment pas que les étrangers confondent Britanniques et Anglais.*
- In spite of scandals relatively few Britons reject the monarchy. — *En dépit des scandales, relativement peu de Britanniques rejettent la monarchie.*

2

- In Britain there is a general election approximately every five years. — *En Grande-Bretagne, il y a des élections législatives tous les cinq ans environ.*
- Every week the Prime Minister answers MPs' questions. — *Toutes les semaines, le Premier ministre répond aux questions des députés.*
- Since the 1920s the Labour Party and the Conservatives have been the only two government parties. — *Depuis les années 1920, les Travaillistes et les Conservateurs sont les deux seuls partis de gouvernement.*
- British voters do not easily cast their votes for such minority parties as the Greens. — *Les électeurs britanniques ne donnent pas volontiers leurs suffrages à des partis minoritaires tels les Verts.*

3

- England is divided into 46 counties, themselves divided into boroughs. — *L'Angleterre est divisée en 46 comtés, eux-mêmes subdivisés en communes.*
- In the 19th century the British Empire was a territory on which the sun never set. — *Au XIXe, l'Empire britannique était un territoire sur lequel le soleil ne se couchait jamais.*
- British colonies included, amongst others, India, Burma, Australia and parts of Africa. — *Les colonies britanniques incluaient, entre autres, l'Inde, la Birmanie, l'Australie et une partie de l'Afrique.*
- Today most asylum seekers are illegal immigrants from Asia. — *Aujourd'hui, la plupart des demandeurs d'asile sont des immigrants clandestins venus d'Asie.*

Niveau 4 / 5

un ministre	a minister, a Secretary (of State)	*cf. secrétaire d'état*
un ministère	a ministry	
le ministre de l'Intérieur	the Home Secretary	the Home Office : *ministère de l'Intérieur*
le ministre des Affaires étrangères	the Foreign Secretary	the Foreign Office : *ministère des Affaires étrangères*
le ministre des Finances (Chancelier de l'Échiquier)	the Chancellor of the Exchequer	the Exchequer : *ministère des Finances*
le ministre de la Justice	the Lord Chancellor	*siège à la Chambre des lords*
le Cabinet Fantôme	the Shadow Cabinet	*homologues dans l'opposition des ministres du gouvernement en place*
les pouvoirs établis, les grandes institutions	the Establishment	*monarchie, noblesse, clergé etc.*
le Conseil Privé (cabinet restreint)	the Privy Council	a Privy Councillor
l'Église anglicane	the Church of England	*ou* Anglican Church
l'Archevêque de Cantorbéry	the Archbishop of Canterbury	*chef de l'Église anglicane, sous l'autorité du souverain qui a le titre de «* Governor of the Church of England *»*
la Réforme	Reformation	*scission avec l'Église Catholique Romaine, entreprise par Henri VIII, en 1534*
le fonctionnement du Parlement	parliamentary procedure	*sing. indén.*
une session parlementaire	a parliamentary session	
l'ouverture de la session parlementaire	the State Opening of Parliament	*marqué par le discours du souverain prononcé à la Chambre des lords*
un chef de file de parti au Parlement	a parliamentary whip	*cf.* whip = *fouet*

Niveau 5 / 5

le Mur d'Hadrien	Hadrian's Wall	built in the second century by Emperor Hadrian, it separates England from Scotland
les tribus celtes	Celtic tribes	
la conquête normande	the Norman Conquest	in 1066, William, Duke of Normandy, beat King Harold at Hastings and became King William I
le meurtre de Thomas Becket	Th. Becket's Murder ("Murder in the Cathedral")	Th. Becket, archbishop of Canterbury, was murdered in his cathedral in 1170, on Henry II's order
la guerre de Cent Ans	the Hundred Years' War	1337-1453
la Peste Noire	the Black Death	a plague epidemic that spread in 1348 and killed a third of the English population
la Bataille d'Azincourt	the Battle of Agincourt	*att. à l'ortho ;* won by King Henry V against a much larger French army (1415)
la guerre des Roses	the Wars of the Roses	*att. plur. ;* 1453-1485; between the House of Lancaster and the House of York
la période élisabéthaine	the Elizabethan Era	Elizabeth I's reign was a period of political stability marked by military success (destruction of the Spanish "Invicible Armada") and artistic creation (Marlowe, Shakespeare etc.)
la Conjuration des Poudres	the Gunpowder Plot	in 1605, Guy Fawkes plotted to blow up Parliament; his plot was exposed on 4 November
la République de Cromwell	Cromwell's Republic	lasted 11 years, between the execution of King Charles I (1449) and the Restoration of Monarchy (1660)
l'ère victorienne	Victorian Times	correspond to the reign of Queen Victoria (1837-1901)
la révolution industrielle	the Industrial Revolution	started in the early 18th century and ended in mid-19th century
l'Armée Républicaine Irlandaise	the Irish Republican Army (IRA)	

le Soulèvement de Pâques	the Easter Rising	Dublin, 1916: an armed rebellion against English colonisation was ruthlessly crushed
le bombardement des villes anglaises	the Blitz	1941-42; London, Coventry, Birmingham etc.
la Bataille d'Angleterre	the Battle of Britain	
la partition, le partage	(the) partition (of Ireland)	into Protestant Northern Ireland (Ulster) and the Free State (later Republic) of Ireland; in 1921
ou :	(the) partition (of India)	into India and Pakistan, following Independence in 1947
la décentralisation	Devolution	limited powers are granted to Scottish and Welsh assemblies (1990s)

Quelques exemples

4

- The Lord Chancellor is the only member of the government who regularly sits in the House of Lords.
  Le Garde des Sceaux est le seul membre du gouvernement à siéger régulièrement à la Chambre des lords.
- As the Vatican refused to annul his marriage with Catherine, Henry VIII founded the Church of England.
  Comme le Vatican refusait d'annuler son Mariage avec Catherine, Henri VIII fonda l'Église anglicane.
- Thanks to the institution of the Shadow Cabinet the opposition party is always ready to take over.
  Grâce à l'institution du « cabinet fantôme », l'opposition est toujours prête à prendre la relève.
- For the State Opening of Parliament all MPs are invited to stand in the House of Lords and listen to the Sovereign's Speech.
  Pour l'ouverture de la session parlementaire, tous les députés sont invités à la Chambre des lords pour écouter, debouts, le Discours du Trône.

5

- From the fifth century on Celtic tribes were gradually pushed back by Anglo-Saxon invaders coming from northern Germany.
  À partir du Ve siècle, les tribus celtes furent peu à peu repoussées par les envahisseurs anglo-saxons venus du nord de l'Allemagne.
- Each year on 5 November, the British celebrate the defeat of Guy Fawkes' plot to destroy parliamentary monarchy.
  Tous les ans, le 5 novembre, les Britanniques fêtent l'échec du complot de G. Fawkes visant à détruire la monarchie parlementaire.
- Cromwell's Republic and puritanical tyranny are regarded by the British as proof that a change of regime is to be avoided.
  La République de Cromwell et sa tyrannie puritaine sont considérées par les Britanniques comme preuve qu'un changement de régime doit être évité.
- The German term "Blitz" became synonymous with British heroism and fighting spirit in the Second World War.
  Le terme allemand de « Blitz » est devenu synonyme de l'héroïsme et de la combativité des Britanniques durant la Seconde Guerre mondiale.

2. The United States

Niveau 1 / 6

les États-Unis, les USA	the United States, the US	*ne pas oublier art. ; s'accorde au sing.*
les 50 États	the 50 States	*majuscule pour distinguer du sens général*
les lois fédérales	federal laws	*cf.* Federation, Confederation
la capitale fédérale	the federal capital	Washington, DC (District of Columbia)
le Président	the President	*cf.* Vice-President
le gouvernement des USA	the US Administration	*on emploie peu le terme* « government » *pour les USA*
un conseiller	an advisor	to advise : *conseiller ;* advice : *des conseils*
la Maison Blanche	the White House	
le drapeau américain	the American Flag	*cf.* Stars and Stripes
le creuset de peuples	the melting-pot	*image mythique de l'intégration des immigrants aux USA*
les Protestants blancs d'origine anglo-saxonne	the WASPs (White Anglo-Saxon Protestants)	*groupe traditionnellement dominant aux USA*
les Noirs américains	Black Americans, African Americans	« negroes » *est plus familier*
les Noirs	the Blacks	*att. prend un -s ; exception à la règle des adj. substantivés*
les Blancs	the Whites	
les gens de couleur	colored people	GB : coloured
les Hispaniques	Hispanics	
la Statue de la Liberté	the Statue of Liberty	*on dit parfois* « The Lady of the Lamp »
libre	free	
la liberté	freedom	*subst. abstrait général : pas d'art.*
ou :	liberty	*idem*
un esclave	a slave	
l'esclavage	slavery	*idem : pas d'art.*
la démocratie	democracy	*idem*
un réfugié	a refugee	

Niveau 2 / 6

le Congrès	Congress	*comporte les 2 chambres*
un parlementaire	a Congressman	*plur.* Congressmen *; désigne surtout les Représentants*
la Chambre des représentants	the House of Representatives	*435 Représentants ; leur nombre, dans chaque état dépend de la population.*
le Sénat	the Senate	
un sénateur	a Senator	*2 sénateurs par État (quelle que soit sa taille)*
un Représentant	a Representative	
le Capitole	the Capitol	(on Capitol Hill) *bâtiment où siège le Congrès à Washington*
un gouverneur	a governor	
les élections présidentielles	the Presidential Election	*sing. s'il ne s'agit que d'un scrutin*
les primaires	primaries	*élections au sein de chaque parti, visant à désigner les candidats*
un électeur	a voter	
un grand électeur	an elector	*cf. élections présidentielles, au suffrage universal indirect*
les Républicains	the Republicans	*parti conservateur, défend les intérêts des milieux d'affaires ; a l'éléphant pour emblème*
les Démocrates	the Democrats	*parti plus populaire et social ; a l'âne pour emblème*
les ultraconservateurs	ultraconservatives	*aile droite du parti Républicain, proche des Présidents Bush père et fils*
les téléprédicateurs	televangelists	*religieux affairistes et médiatiques prêchant un retour aux valeurs protestantes traditionnelles*
prêcher	to preach	*un prédicateur :* a preacher
un groupe de pression	a lobby	to lobby : *exercer des pressions (sur)*

Niveau 3 / 6

une frontière	a border	
la Frontière	the Frontier	*territoires inexplorés, donc à conquérir aux dépends des Amérindiens*
les Indiens Peau Rouge	Red Indians	
une réserve	a reservation	
le Far West	the Wild West	*l'expression « Far West » (Ouest Lointain) s'emploie peu en anglais*
un ghetto	a ghetto	*plur.* ghettos
une terre où chacun a sa chance	a land of opportunity	
un (immigrant) clandestin	an illegal immigrant	
ou :	a wetback	*pour les Mexicains qui franchissaient le Rio Grande à la nage*
des quotas d'immigration	immigration quotas	*établis en 1921 et 1924*
trier	to sort (out)	
le racisme	racism, racialism	*subst. abstrait général ; pas d'art.*
la ségrégation	segregation	*idem*
le transport scolaire (en bus)	busing	*le terme fait souvent allusion aux efforts visant à transporter les enfants d'un quartier à un autre afin de favoriser le brassage racial*
la discrimination positive	affirmative action	*pratiquement abandonnée, elle visait à garantir aux minorités un quota de postes (administrations, universités) correspondant à leur nombre*
un colon	a colonist	
ou :	a settler	
un pionnier	a pioneer	to pioneer : *être pionnier, innover*
coloniser	to settle	*trans. direct :* to settle a territory
la diversité, la variété	diversity	*subst. abstrait ; pas d'art.*
un étranger	a foreigner	*d'une autre nationalité*
ou :	a stranger	*un inconnu*

Quelques exemples

1

• As a federal capital, Washington is not situated in a State, but in a separate territory.	*En tant que capitale fédérale, Washington n'est pas située dans un État, mais dans un territoire séparé.*
• The Statue of Liberty was supposed to welcome refugees from all over the world.	*La Statue de la Liberté était censée accueillir les réfugiés venus du monde entier.*
• Some say that the American society is rather a "Salad Bowl" than a "Melting Pot".	*Certains disent que la société américaine est plutôt une « salade composée » qu'un « creuset de peuples ».*
• Americans Blacks have made some progress, but WASPs still rule the country.	*Les noirs américains ont fait des progrès, mais les Protestants Anglo-Saxons gouvernent toujours le pays.*

2

• The number of Representatives for each State depends on the population, from 1 in Alaska to 53 in California.	*Le nombre des Représentants pour chaque État dépend de la population, d'un pour l'Alaska à 53 pour la Californie.*
• Apart from commuting capital sentences, a governor's job is largely honorary.	*À part qu'il peut commuer des peines capitales, la fonction de gouverneur est surtout honorifique.*
• Some televangelists will perform "miracles" live during their TV shows.	*Certains téléprédicateurs vous réaliseront des « miracles » en direct, durant leurs spectacles télévisés.*
• Due to the system of electors, an American President can be elected by a minority of voters.	*Du fait du système des grands électeurs, un président américain peut être élu par une minorité d'électeurs.*

3

• Living on reservations, Indians lost their traditions and lifestyle.	*Vivant dans des réserves, les Indiens perdirent leurs traditions et leur style de vie.*
• American politicians love to describe their country as a "Land of Opportunity".	*Les politiciens américains adorent décrire leur pays comme une "terre où chacun a sa chance de réussir".*
• In the 1960s busing was a way to fight against segregation at school.	*Dans les années 60, les transports d'écoliers entre quartiers fut un moyen de lutter contre la ségrégation scolaire.*
• Affirmative action aimed at enabling minorities to be represented in universities or the administration.	*La discrimination positive visait à permettre aux minorités d'être représentées à l'université ou dans les administrations.*

Niveau 4 / 6

le Pentagone	the Pentagon	*à Arlington, Virginie ; quartier général des forces armées US*
un ministre	a secretary	
un ministère	a department	
le ministre des Affaires étrangères	the Secretary of State, State Secretary	
le ministre de la Justice	the Attorney General	attorney : *avocat*

le ministère de la Justice	the Department of Justice	
le ministère de l'intérieur	the Department of the Interior	*ministre de l'Intérieur :* Secretary of the Interior
le ministère des Finances	the Department of the Treasury	*ministre des Finances : Secretary of the Treasury*
le ministère de la Défense	the Department of Defense	*ministre de la Défense :* Secretary of Defense
la Cour Suprême	the Supreme Court	*elle est composée de 9 juges*
démissionner	to resign	*démission :* resignation
mettre en accusation (un président)	to impeach	*la mise en accusation :* impeachment
la Bannière Étoilée	the Star-Spangled Banner	*c'est aussi le titre de l'hymne national* (national anthem)
abroger (une loi)	to repeal (a law)	
une convention (de parti)	a (party) convention	
des majorettes	pompom girls	*très présentes dans les campagnes électorales*
prendre le train en marche	to jump on the bandwagon	*expression souvent utilisée pour désigner la démagogie électoraliste*

Niveau 5 / 6

les Amérindiens	American Indians	
la Nouvelle-Angleterre	New England	*désigne les états suivants : Maine, Massachussetts, Vermont, New Hampshire, Rhode Island, Connecticut.*
la Côte Est	the East Coast	*souvent associée au conservatisme ou à l'intellectualisme*
la Côte Ouest	the West Coast	*souvent assimilée aux idées novatrices ou osées*
les Appalaches	the Appalachians	*chaîne de montagnes peu élevées et boisées, parallèle à la Côte Est, allant du Maine à la Géorgie*
les montagnes Rocheuses	the Rocky Mountains, the Rockies	*immense chaîne longeant la Côte Ouest, du Canada à la Californie (Sierra Nevada) et culminant à 4 400 m*
le Middle West	the Middle West, the Midwest	*désigne la vaste région centrale située entre les Appalaches et les Rocheuses*
du Middle West	Midwestern	*adj. associé au mode de vie, coutumes etc*

le Sud Profond	the Deep South	
les Grands Lacs	the Great Lakes	Superior, Michigan, Huron, Erie, Ontario
les Grandes Plaines	the (Great) Plains	
la Plaine Herbeuse	the Prairie	
la zone de culture du blé	the Wheat Belt	belt = *ceinture*
la zone de culture du maïs	the Corn Belt	
la Louisiane	Louisiana	*au XVIIIe, on entend par Louisiane, le vaste territoire couvrant les états actuels suivants ; Louisiane, Arkansas, Dakota, Iowa, Kansas, Missouri, Montana, Nebraska, Oklohama.*
la Caroline du Nord / du Sud	North / South Carolina	
la Virginie	Virginia	*la Virginie Occidentale :* West Virginia
le Lac Erié	Lake Erie	*att. pas d'art., pas d'accents. cf.* Lake Michigan

Niveau 6 / 6

Christophe Colomb	Christopher Columbus	hence Columbia ; he set foot in the Bahamas in 1492
les Pères Pélerins	the Pilgrim Fathers	English Puritans who sailed aboard the "Mayflower" and landed at Plymouth in 1620,
la Chasse aux Sorcières	the Witch Hunt	1692, in Salem : an example of puritanical intolerance
les Treize Colonies	the Thirteen Colonies	original states of the future USA : Virginia, Delaware, Pennsylvania, Maryland, Rhode Island, Connecticut, North and South Carolina, New York, Massachussetts, New Hampshire, New Jersey, Georgia
la guerre d'Indépendance	the Revolutionary (Independence) War	1775 (Bunker Hill) to 1781 (Yorktown)
la Déclaration d'Indépendance	the Declaration of Independence	4 July 1776
l'Achat de la Louisiane	the Louisiana Purchase	In 1803 Jefferson doubles the area of the US in buying Louisiana from France.

la Doctrine de Monroe	the Monroe Doctrine	President James Monroe stated in 1823 that the American continents must not be colonized by the Europeans and that the Americans would not intervene in Europe.
le Déplacement des Indiens	the Indian Removal Act	1830, under A. Jackson's presidency, Indians were forcibly removed to reservations. This displacement resulted in a kind of genocide.
la Ruée vers l'Or	the Gold Rush	1848-49
la guerre de Sécession	the Civil War	1861-1865
faire sécession	to secede	11 southern states seceded : S. Carolina, Mississippi, Florida, Alabama, Georgia, Louisiana, Texas, Virginia, N. Carolina, Arkansas and Tennessee
un Sudiste	a Confederate	*cf.* the Confederacy
un Nordiste	a Unionist, a Yankee	
l'assassinat de Lincoln	Lincoln's assassination	April 14, 1865
la Prohibition	Prohibition	*pas d'art. ;* 1920-1933
la Nouvelle Donne	the New Deal	1933
la Nouvelle Frontière	the New Frontier	space and social justice, two targets defined by John Kennedy in his 1960 presidential campaign
la Baie des Cochons	the Bay of Pigs	failed invasion of Cuba by US-backed Cuban refugees in 1961
le Mouvement pour les Droits Civiques	the Civil Rights Movement	in the 1950s and 1960s, led by Martin Luther King and aiming at racial integration
la guerre du Vietnam	the Vietnam War	1964-1975, ended in a humiliating defeat for the US

Quelques exemples

4

- The all-powerful Pentagon often behaves like a state within the State. — *Le tout-puissant Pentagone se comporte souvent comme un état dans l'état.*
- As the highest court of justice, the Supreme Court judges whether bills are constitutional or not. — *Étant la plus haute juridiction, la Cour Suprême juge de la constitutionnalité des projets de loi.*
- Such lobbies as the NRA (National Rifle Association) are active in all US departments. — *Des groupes de pression comme le NRA (militant pour le droit au port d'arme) sont actifs dans tous les ministères.*
- In 1974 President Nixon resigned to avoid being impeached after the Watergate scandal. — *En 1974, le Président Nixon démissionna, afin d'éviter d'être mis en accusation après le scandale du Watergate.*

5

- The colonists of Jamestown started growing tobacco in Virginia as early as the 1620s. — *Les colons de Jamestown commencèrent à cultiver le tabac en Virginie dès les années 1620.*
- As a former French territory, Louisiana still retains some French customs. — *En tant qu'ancienne colonie française, la Louisiane garde certaines de nos coutumes.*
- Until the 1970s, the Deep South was often associated with backwardness and racial discrimination. — *Jusque dans les années 70, le Sud Profond était souvent associé à l'arriération et à la discrimination raciale.*
- In Main Street Sinclair Lewis describes the boredom in a Midwestern village called Gopher Prairie. — *Dans Main Street, Sinclair Lewis décrit l'ennui dans un village du Middle West nommé Gopher Prairie.*

6

- The Boston Tea Party in 1773 was a forerunner of the Independence War, which broke out in 1775. — *L'Émeute du Thé, à Boston, en 1773, fut un signe annonciateur de la guerre d'Indépendance, qui éclata en 1775.*
- Napoleon sold Louisiana to the young American Republic in order to avoid any conflict with settlers. — *Napoléon vendit la Louisiane à la jeune république américaine, pour éviter tout conflit avec les colons.*
- Far from curbing the consumption of alcohol, Prohibition rather promoted it and made the fortune of the Mob. — *Plutôt que de restreindre la consommation d'alcool, la Prohibition en assura la promotion et fit la fortune de la mafia.*
- The New Deal stressed Roosevelt's belief in state intervention and full employment. — *La « Nouvelle Donne » mit en relief la foi qu'avait Roosevelt en l'intervention de l'état et le plein emploi.*

3. Society

Niveau 1 / 6

la société	society	*au sens de firme, entreprise : a company*
social (de la société)	social	
un problème de société	a social issue	
humanitaire (caritatif)	humanitarian	
l'homme (l'être humain)	man	*pas d'art.*
l'humanité (tous les humains)	mankind	*pas d'art.*
mener une vie facile	to have an easy life	
riche	rich, wealthy	*les riches :* the rich
la richesse, les richesses	wealth	*indén. sing.*
le succès	success	
pauvre	poor	*les pauvres :* the poor
la pauvreté	poverty	*indén. sing.* *la détresse (morale) :* misery
un écart / une fracture sociale	a social gap	*un écart croissant :* a widening gap
combler le fossé	to bridge the gap	
être poli / impoli	to be polite / impolite	*la politesse :* politeness
l'apparence (physique)	(physical) appearance	
la mode	fashion	*une tendance :* a trend
juste, équitable	fair	*l'équité :* fairness
être snob	to be snobbish	*un snob :* a snob *le snobisme :* snobbery
le standing	social status	a status symbol : *une marque de standing, un signe extérieur de richesse*
dépendre de	to depend **on**	*ou :* to be dependent **on**

Niveau 2 / 6

la vie en société	life in society	
autrui, les autres	the others	*pronom = -s- du plur.*
ou :	other people	*other est adj. = pas de -s-*
respecter autrui	to respect the others	
respecter la vie privée d'autrui	to respect other people's privacy	*cas possessif souhaitable*
avoir du succès	to be successful	*le succès :* success
réussir dans la vie	to succeed in life	
être solidaire de qqn	to support s.o.	*n.p.c. avec* to bear *(supporter, tolérer)*

l'individualisme	individualism	*sing. indén. pas d'article*
être individualiste	to be individualistic	*un individualiste :* an individualist, a maverick
le temps libre	free time	*pas d'art.*
les loisirs	leisure	*sing. indén.*
la civilisation des loisirs	the leisure society	
avoir la réputation de	to be reputed **for**	*+ nom ou +* -ing
la tolérance	tolerance	*sing. indén. ; pas d'art.*
l'intolérance	intolerance	
manquer de tolérance	to be lacking (in) tolerance, to be intolerant	*att. ne pas employer la prép.* of *avec le verbe*
un manque de tolérance	a lack of tolerance	
se sentir l'objet de discrimination	to feel discriminated **against**	*att. à la construction passive*
le harcèlement sexuel	sexual harassment	*pas d'art.*
l'égalité des droits	equal rights	*att. à la transposition*

Niveau 3 / 6

l'opinion publique	(the) public opinion	*sing.*
L'opinion publique considère que…	Public opinion has it that…	*plutôt que* thinks *ou* considers that
un citoyen	a citizen	*un citadin :* a city-dweller
un civil	a civilian	civil = *(adj) civique*
le niveau de vie	the standards of living, the living standards	*att. plur.*
la sécurité sociale	social security	
la Sécurité Sociale (Assurance Maladie)	The National Health Service	*on trouve aussi* NHS
l'état providence	the welfare state	
la violence au quotidien	everyday violence	everyday *en un seul mot car adj.*
l'effritement des valeurs traditionnelles	the decline of traditional values	*att. : pas de redoublement du* -n- *dans* traditional
le féminisme	feminism	*pas d'art.*
le Mouvement de Libération de la Femme	Women's Lib(eration)	
donner l'exemple	to set **an** ex**a**mple	*att. à l'art. et à l'ortho.* to set, I set, set
un comportement exemplaire	(an) exemplary behaviour	behaviour *est souvent traité comme indén.*
mériter une récompense	to deserve a reward	
être récompensé	to be rewarded	rewarding = *gratifiant*
C'est bien fait !	It serves him / her right!	
être ami avec	to be friends with	*att. au plur.*

une relation amicale	a friendly relationship	*att. :* friendly = *adj.*
avoir des (hautes) relations	to have (high) connections	
rendre visite (à)	to **pay** a visit (to)	*att. au verbe utilisé* to pay, I paid, paid
une couche sociale	a social stratum	*plur. :* strata

Quelques exemples

1

- Social success usually depends on fashion. — *Le succès social dépend généralement de la mode.*
- The rich are getting richer and the poor poorer. — *Les riches s'enrichissent et les pauvres s'appauvrissent.*
- Do the rich always have an easy life? — *Les riches ont-ils toujours la vie facile ?*
- Human beings are often terribly snobbish. — *Les êtres humains sont souvent terriblement snobs.*

2

- Everybody wants to succeed in life. — *Tout le monde veut réussir dans la vie.*
- It is only fair that everyone should have leisure. — *Il est normal que chacun ait des loisirs.*
- People tend to become more and more individualistic. — *Les gens tendent à devenir de plus en plus individualistes.*
- The general was reputed for lacking (in) tolerance. — *Le général avait la réputation de manquer de tolérance.*

3

- Have our living standards really risen over the past decades? — *Notre niveau de vie a-t-il vraiment progressé au cours des dernières décennies ?*
- Everyday violence is often said to have progressed. — *On dit souvent que la violence au quotidien a progressé.*
- We are currently witnessing the decline of traditional values. — *Nous assistons actuellement à l'effritement des valeurs traditionnelles.*
- He is friends with people from all social strata. — *Il est ami avec des gens issus de toutes les couches sociales.*

Niveau 4 / 6

tenir compagnie à qqn	to keep someone company	to keep, I kept, kept
la société d'abondance	the affluent society	*l'abondance :* affluence
un personnage éminent	a prominent character	
être influent	to be influential	*l'influence :* influence
le(s) privilège(s)	privilege	*en général sing.*
être privilégié	to be privileged	
défavorisé, laissé-pour-compte	underprivileged	*les défavorisés :* the underprivileged
un appartement social (HLM)	a council flat	*souvent maison =* council house
rompre (relation)	to break off a relationship	to break, I broke, broken

subventionner	to subsidize	*une subvention :* a subsidy
sauver les apparences	to keep up appearances	to keep, I kept, kept
juger sur les apparences	to judge **by** appearances	
selon toute apparence, apparemment	apparently	
être à la mode	to be fashionable / trendy	a trend : *une tendance*
passer de mode	to become old-fashioned to go out of fashion	to become, I became, become to go, I went, gone
les us et coutumes	the ways and customs	
l'espérance de vie	life expectancy	
les conditions de vie	the living conditions	*plur.*

Niveau 5 / 6

le chômage	unemployment	
les chômeurs	the unemployed	*adj. substantivé ; pas de -s- mais accord au plur.*
les sans-abri	the homeless	*un sans-abri :* a homeless person
la crise du logement	the housing crisis	
les aides sociales	welfare benefits	
joindre les deux bouts	to make ends meet	
être au-dessous du seuil de pauvreté	to be below the poverty line	
la délinquance juvénile	juvenile deliquency	*sing. ; un délit :* a crime, an offence
la contestation des jeunes	youthful protest	*sing. ; protester* : to protest
un groupe marginal	a fringe group	
un marginal (volontaire)	a fringe element	
un marginal (involontaire)	an outcast	*au sens d'exclu*
un original	a freak	
un raté	a failure	*premier sens de* failure : *échec* to fail : *échouer*
se retrouver sans ressources	to have no means of support	*att. au sing.* : **a** mean**s**
fréquenter, frayer avec qqn	to associate **with**	
avoir de mauvaises fréquentations	to keep bad company	*sing.*
une association	a friendly society, a club	*fonder :* to found

Niveau 6 / 6

la croissance démographique	population growth	*le taux de croissance :* the growth rate
le vieillissement d'une population	an ageing population	*att. à la construction*
le troisième âge	the elderly elderly people	*adj. substantivé ; pas de -s- mais accord au pl.*
les personnes âgées	senior citizens	
les retraités	old age pensioners	
le taux de mortalité	the death rate	death : *la mort*
le taux des naissances	the birth rate	birth : *la naissance*
le milieu (reconnu socialement)	the (social) background	
le milieu (péjoratif)	the mob	*drogue, prostitution…*
dans le milieu politique (etc.)	in political circles	
le tissu social	the social fabric	
une société à deux vitesses	a two-tier society	two-tier = *adj. sing.* a tier : *un étage, un niveau*
l'échelle sociale	the social scale / ladder	
gravir les échelons	to climb the social scale	
la classe ouvrière	the working class	
les couches moyennes	the middle class	*peut s'employer au plur.*
les classes supérieures	the upper class	*souvent employé comme adj. :* an upper-class accent
la conscience de classe	class awareness	*pas d'art.*
se battre pour arriver au sommet	to fight one's way to the top	to fight, I fought, fought *att. à la construction transitive*
la foire d'empoigne	the rat race	
un jeune loup	a yuppie	*pour* young upwardly mobile professional *(jeune cadre qui grimpe dans l'échelle sociale)*
un changement profond	a sea change	*employé uniquement au sing.*
durer (crise, mode, évolution…)	to last	*durable :* lasting
une tendance (actuelle)	a (current) trend	trendy : *dans le coup*
On ne peut arrêter cette tendance.	There is no stopping this trend.	*attention à la construction*

Quelques exemples

4

• Teachers are said to be privileged!	*On qualifie les enseignants de privilégiés !*
• Life expectancy is very high in Japan.	*Au Japon l'espérance de vie est très élevée.*
• In Great Britain council houses and flats used to be subsidized.	*Autrefois en Grande-Bretagne, les HLM étaient subventionnés.*
• Whatever happens, prominent characters must keep up appearances.	*Quoiqu'il arrive, les personnages éminents doivent sauver les apparences.*

5

• The homeless have difficulty in finding work.	*Les sans-abri ont du mal à trouver du travail.*
• She only managed to make ends meet thanks to welfare benefits.	*Elle ne parvenait à joindre les deux bouts que grâce aux aides sociales.*
• He has been unemployed for 3 years and is now without means of support.	*Il est au chômage depuis 3 ans et se retrouve sans ressources.*
• Like many outcasts he has started to keep bad company.	*Comme beaucoup d'exclus, il s'est mis à avoir de mauvaises fréquentations.*

6

• We now clearly live in a two-tier society.	*Il est clair que nous vivons maintenant dans une société à deux vitesses.*
• An ageing population may mean that social benefits will have to decrease.	*Il se peut que le vieillissement de la population signifie une réduction des prestations sociales.*
• He was fed up with the rat race and resigned.	*Il en avait assez de la foire d'empoigne et démissionna.*
• Some executives now wish to climb down the social scale!	*Aujourd'hui, il est des cadres qui souhaitent descendre dans l'échelle sociale !*

4. The Family

Niveau 1 / 6

être célibataire	to be single	*les célibataires :* unmarried people
fonder une famille	to found a family	*verbe régulier :* I founded, founded
la vie familiale	family life	*att. :* familiar = *familier*
vivre ensemble	to live together	
la vie commune	marital life	
se marier	to get married	*être marié(s) :* to be married
se marier avec (épouser) qqn	to marry someone	*trans. direct comme to divorce*
un couple	a couple, a pair	*att. :* a couple of years = *qqs années, deux ou trois ans*
les parents	the parents	*att. : seulement père et mère*
les grands-parents	the grandparents	
une génération	a generation	
un enfant	a child	*plur. :* children
un (petit) garçon	a (little) boy	little, *adj. a un sens affectif*
une (petite) fille	a (little) girl	small, *petit, aurait un sens objectif (taille)*
un fils	a son	
une fille	a daughter	*lien de parenté*
les frères et sœurs	brothers and sisters	
le frère aîné	the elder brother	*si un seul frère*
la sœur aînée	the eldest sister	*si plusieurs sœurs*
la sœur cadette	the younger sister	*si une seule sœur*
le frère cadet	the youngest brother	*si plusieurs frères*

Niveau 2 / 6

le noyau familial	the family unit	
le mode de vie	the way of life	
le coup de foudre	love at first sight	
tomber amoureux (de)	to fall in love (**with**)	to fall, I fell, fallen
avoir de la tendresse pour qqn	to be fond of s.o.	
attendre un enfant	to be expecting a child	*et non* wait for *(attendre montre en main)*
naître	to be born	*à partir de* to bear, I bore, borne *(porter)*
donner naissance à	to give birth to	to give, I gave, given
élever un enfant	to bring up a child	to bring, I brought, brought

bien élevé	well-bred	*att. :* to breed, I bred, bred = *engendrer*
l'éducation, l'instruction	education	well-educated = *instruit*
grandir (physiquement)	to grow **up**	to grow, I grew, grown
un adulte	a grown-up, an adult	*plur. :* *grown-ups*
un jeune	a youngster	*att. : ne pas employer l'adjectif seul comme nom*
des jeunes	(some) youngsters, (some) young people	*plur. spécifique*
les jeunes	the young	*adj. substantivé : plur. générique (= l'ensemble des jeunes)*
la jeunesse	youth	
un adolescent	a teenager	from thir**teen** to nine**teen**

Niveau 3 / 6

demander qqn en mariage	to propose **to** s.o.	
se fiancer	to get engaged	*les fiançailles :* the engagement
un mariage (cérémonie)	a wedding	*les jeunes mariés :* the newly weds
le mariage (vie conjugale)	marriage, married life	
un couple désuni	an estranged couple	
le mariage lui convient	marriage suits him / her	
être heureux en ménage	to be happily married	
la vie privée	private life	*pas d'art.*
quotidien(-nement)	daily	*adj. ou adv.*
le quotidien	the daily routine	
la vie quotidienne	daily life	
la (les) discorde(s) conjugale(s)	marital strife	*sing.*
se disputer	to quarrel	*att. : pas de pronom réfléchi*
le divorce	divorce	*pas d'article*
divorcer d'avec qqn	to divorce s.o.	*transitif direct*
Ils ont divorcé.	They got divorced.	
demander le divorce	to seek a divorce	to seek, I sought, sought = *rechercher*
une famille éclatée	a broken family	to break, I broke, broken = *briser*
le troisième âge, les personnes âgées	the elderly	*att. : adj. substantivé, s'accorde au plur.*
une maison de retraite	an old people's home	

Quelques exemples

1

- All his brothers and sisters live abroad. — *Tous ses frères et sœurs vivent à l'étranger.*
- They got married twenty years ago. — *Ils se sont mariés il y a vingt ans.*
- They have been married for twenty years. — *Il y a vingt ans qu'ils sont mariés.*
- My elder brother is eight years older than I am. — *Mon frère aîné a huit ans de plus que moi.*

2

- She was brought up by her grandparents. — *Elle a été élevée par ses grands-parents.*
- Today the young want to enjoy life. — *Aujourd'hui les jeunes veulent profiter de la vie.*
- Today's youth has a more relaxed way of life. — *La jeunesse d'aujourd'hui a un mode de vie plus détendu.*
- She's expecting a baby, it is due in July. — *Elle attend un bébé pour juillet prochain.*
- The traditional family unit is falling apart. — *Le noyau familial traditionnel est en train d'éclater.*

3

- Last year I attended four weddings and a funeral. — *L'année dernière, j'ai assisté à quatre mariages et à un enterrement.*
- Their marriage has not survived daily routine. — *Leur mariage n'a pas résisté au train-train quotidien.*
- After years of marital strife she sought a divorce. — *Après des années de discorde conjugale, elle demanda le divorce.*
- The elderly are too often parked in depressing old people's homes. — *Trop souvent les personnes âgées sont placées dans des maisons de retraite déprimantes.*

Niveau 4 / 6

un(e) cousin(e)	a cousin	*si insistance nécessaire sur féminin :* a female cousin
c'est une cousine à moi	she's a cousin of mine	*se décline :* of yours, of his, of hers, of ours, of theirs
un neveu	a nephew	
une nièce	a niece	
un petit-fils, une petite-fille	a grandson, a granddaughter	*les petits-enfants : grandchildren*
une famille (très) unie	a close-knit family	*att. : [s] sifflant dans l'adj.* close
entretenir une famille	to support a family	*att. : ne pas confondre avec supporter* (to bear)
être fidèle (à)	to be faithful (to)	*la fidélité :* fidelity
tromper	to deceive	*att., faux-ami, la tromperie :* deception
un conflit	a conflict	*adj. :* conflicting *(antagoniste)*
le conflit des générations	the generation gap	gap = *fossé, écart*

se séparer (de)	to part (from), to split up (from)	*att. : pas de pronom réfléchi ni réciproque* to split, I split, split
une famille nombreuse	a large family	
ne pas avoir d'enfant(s)	to be childless	
une mère célibataire	a single (an unmarried) mother	
le célibat	celibacy	*un célibataire :* an unmarried person
une femme au foyer	a housewife	
une mère qui travaille	a working mother	

Niveau 5 / 6

le partenaire, le concubin	the partner	*si le féminin doit être précisé, utiliser l'adj.* female
un couple de concubins	an unmarried couple	
l'égalité (des sexes)	equality	*égalité face à l'embauche :* equal opportunity
adopter un enfant	to adopt a child	*un unfant adopté :* an adopted child
un parent isolé	a single parent	*qui élève ses enfants seul*
une famille monoparentale	a single-parent family	
naître hors du mariage	to be born out of wedlock	
un oncle	an uncle	*Tonton Jean* = Uncle John
une tante	an aunt	*Tata / Tante Marie* = Auntie Mary
un parent	a relative	*cousin, oncle, etc.*
hériter de qqch	to inherit smthg	*att. : transitif direct (sans préposition)*
un héritier	an heir	*att. au [h] muet ;* [eir]
un heritage	an inheritance	
faire un gros héritage	to come **into** money	*att. à la prép.*

Niveau 6 / 6

les descendants, la relève	the offspring	*att. : toujours sing.*
une classe d'âge	an age group	
l'arbre généalogique	the family tree	
une belle-sœur	a sister-in-law	*plur. :* sisters-in-law
un beau-frère	a brother-in-law	
la belle-mère	the mother-in-law	*au sens de marâtre (remariage du père) :* stepmother

le beau-père	the father-in-law	*par remariage de la mère* = the stepfather
les beaux-parents	the parents-in-law	the in-laws = *la belle-famille*
le planning familial	family planning	*att. : pas d'article*
procréer	to breed	I bred, bred
les allocations familiales	family allowance	
avoir le droit de garde	to have custody	*att. : pas d'art.*
la garde conjointe	joint custody	
un couple stérile	a barren couple	
la fécondation in-vitro	in vitro fertilisation	*att. : pas d'art.*
une mère porteuse	a surrogate mother	

Quelques exemples

4

- There is no generation gap in a close-knit family. — *Il n'y a pas de conflit de générations dans une famille unie.*
- My nephew and his wife have just split up. — *Mon neveu et sa femme viennent de se séparer.*
- The grandparents have supported the family during the crisis. — *Ce sont les grands-parents qui ont entretenu la famille pendant cette crise.*
- Single mothers are more and more numerous. — *Les mères célibataires sont de plus en plus nombreuses.*

5

- Single-parent families often have a hard life. — *Les familles monoparentales ont souvent une vie difficile.*
- Today nearly half of the children are born out of wedlock. — *Aujourd'hui, près de la moitié des enfants naissent hors du mariage.*
- A distant relative inherited his fortune. — *C'est un lointain parent qui a hérité de sa fortune.*
- Should homosexual couples be allowed to adopt children? — *Devrait-on autoriser les couples homosexuels à adopter des enfants ?*

6

- The English often accuse the Irish of breeding like rabbits. — *Les Anglais accusent souvent les Irlandais de se reproduire comme des lapins.*
- In case of divorce the mother usually has custody of the children. — *En cas de divorce, c'est en général la mère qui a la garde des enfants.*
- Increasingly barren couples resort to IVF. — *De plus en plus, les couples stériles ont recours à la fécondation in vitro.*
- Cloning is now more often mentioned than surrogate mothers. — *Désormais, on parle plus souvent de clonage que de mères porteuses.*

5. Communication

Niveau 1 / 6

une langue	a language, a tongue	tongue : *désigne aussi l'organe de la parole*
un mot	a word	
*parler **à / avec** qqn*	to speak **to / with** s.o.	to speak, I spoke, spoken
ou :	to talk to someone	
communiquer (avec)	to communicate (with)	
une information, un renseignement	a piece of information	information : *(sing. indén.) = des renseignements*
les "infos" (presse, télé), les nouvelles	the news	*att. : toujours **sing. indén.** malgré le -s-*
la presse	the press	
un journal	a newspaper, a paper	
un téléviseur	a TV set	
la télévision	television, TV	*att., pas d'art.*
regarder la télévision	to watch television	*et non* to look at
passer (être diffusé) à la télé	to be shown on television	to show, I showed, shown
voir un film	to see a film, a movie	to see, I saw, seen
écouter la radio	to listen **to** the radio	*att. : art.*
*téléphoner **à** qqn, appeler qqn*	to phone s.o. to call s.o., to ring s.o. **up**	to ring, I rang, rung
être au téléphone	to be **on** the (tele)phone	
écrire à qqn	to write **to** s.o.	*une lettre :* a letter
la poste ; le courrier	the mail	

Niveau 2 / 6

un débat	a debate	*débattre de qqch :* to debate smthg *(trans. direct)*
discuter (de qqch)	to discuss (smthg)	*att. : trans. direct* *une discussion :* a discussion
la langue maternelle	the mother tongue	
une langue étrangère	a foreign language	
être bilingue	to be bilingual	multilingual : *plurilingue, polyglotte*
(s')exprimer	to express (oneself)	
un téléspectateur	a TV viewer	
apprendre une nouvelle	to hear a piece of news	to hear, I heard, heard *et non* to learn
entendre parler de qqn	to hear **of** s.o.	*att. à la prép.*
recevoir des nouvelles de qqn	to hear **from** s.o.	*att. à la prép.*
la publicité	advertising	*sing. indén., pas d'art.*

une publicité, une réclame	an advertisement, an advert, an ad	*des pubs :* advertisements, adverts, ads
décrire	to describe	
un lecteur	a reader	*lire :* to read, I read, read
un ordinateur	a computer	
fonctionner, marcher	to work	*faire fonctionner :* to operate
allumer (appareil électrique)	to switch **on**	*allumer le gaz ;* to turn on the gas
éteindre (appareil électrique)	to switch **off**	*éteindre un incendie :* to put out a fire
l'internet	the Internet, the Net, the Web	
surfer (sur internet)	to surf on the Net	

Niveau 3 / 6

parler au téléphone à qqn	to speak to someone **on** the telephone	
avoir une conversation	to have a conversation	
un bureau de poste	a post office	*une lettre ;* a letter *un timbre : a stamp*
le facteur (poste)	the postman (US: mailman)	
les médias (audio-visuels)	the media	*plur.* *sing. :* a medium
le battage médiatique	publicity	
une chaîne (de télé)	a channel	
une émission	a program(me)	
diffuser	to broadcast	I broadcast, broadcast BBC = British Broadcasting Corporation
le journal télévisé de 10h	News at Ten (ITV)	
regarder qqch (à la télé)	to watch smthg (on television)	*att. : pas d'art.*
un entretien	an interview	to interview : *interviewer*
dire qqch (à qqn)	to say smthg (to s.o.)	*Au passif :* It is said that... : *On dit que...*
dire qqch à qqn	to tell s.o. smthg	*Au passif :* I've been told that... : *On m'a dit que...*
comprendre	to understand	I understood, understood
saisir (sens fig.)	to grasp	
interrompre / couper qqn	to interrupt	*censurer :* to censor
se faire comprendre	to make oneself understood	*être mal compris ;* to be misunderstood
la liberté de la presse	the freedom of the press	*la censure :* censorship
la liberté d'expression	the freedom of speech	

Quelques exemples

1

• The news is good.	*Les nouvelles sont bonnes.*
• We write to each other every year for Christmas.	*Nous nous écrivons tous les ans pour Noël.*
• She's been on the phone for nearly two hours!	*Ça fait presque deux heures qu'elle est au téléphone !*
• I listen to the radio every morning.	*J'écoute la radio tous les matins.*

2

• He called to tell me the wonderful (piece of) news.	*Il m'a appelé pour m'apprendre cette merveilleuse nouvelle.*
• Some viewers object to advertising on television.	*Certains téléspectateurs se plaignent de la publicité télévisée.*
• I haven't heard from him for ages.	*Il y a une éternité que je n'ai pas eu de ses nouvelles.*
• They spend their time discussing computers.	*Ils passent leur temps à discuter d'informatique.*

3

• I wish you would stop interrupting!	*J'aimerais que tu cesses de m'interrompre !*
• He found it hard to make himself understood.	*Il a eu du mal à se faire comprendre.*
• It is said that the freedom of the press is threatened.	*On dit que la liberté de la presse est menacée.*
• I was told that the programme had been censored.	*On m'a dit que l'émission avait été censurée.*

Niveau 4 / 6

faire de la publicité pour un produit	to advertise a product	*att. : trans. direct*
une agence publicitaire	an advertising agency	*un publiciste :* an adman, an advertiser
les petites annonces	small (classified) ads	
un spot publicitaire	a TV commercial	
un slogan accrocheur	a catchy slogan	
une campagne publicitaire	an advertising campaign	
persuader qqn d'acheter	to persuade s.o. to buy	
convaincre qqn d'acheter (à force de paroles)	to talk s.o. **into** buying	*att. à la prép. et au gérondif*
un appel (téléphonique)	a (phone) call	
répondre au téléphone	to answer the phone	*att. trans. direct*
décrocher (le combiné)	to pick up the receiver	
raccrocher (au nez de qqn)	to hang up (on s.o.)	to hang, I hung, hung
Ne quittez pas, SVP !	Hold on, please!	to hold, I held, held *(tenir)*
Je vais vous le / la passer.	I'll put you through.	to put, I put, put *(mettre)*
l'informatique	computer science, information technology	

les logiciels	software	*sing. indén.* *un logiciel ;* a software application
la société informatisée	the computer society	
un(e) informaticien(ne)	a computer man (woman), a computer scientist	

Niveau 5 / 6

la couverture médiatique	media coverage	
un quotidien	a daily (paper)	*att.* daily *peut être adj., nom ou adv. (quotidiennement)*
la presse nationale	the national press	*la presse régionale :* the regional press
une revue	a magazine	
un hebdomadaire	a weekly (paper)	*même remarque que pour* daily
la presse à scandales	the gutter press	gutter = *caniveau*
un journal à scandales	a sensational newspaper; a tabloid	
le tirage (d'un journal)	the circulation	*un numéro :* an issue
un exemplaire	a copy	
une manchette, un gros titre	a headline	
faire "la une" des journaux	to hit the front page	to hit, I hit, hit *(frapper)*
ou :	to make the headlines	
publier	to publish	
révéler (un scandale)	to expose (a scandal)	
passer qqch à la télé	to show smthg **on** TV	to show, I showed, shown *(montrer)*
entendre qqch à la radio	to hear smthg **on the** radio	*att. à la prép et à l'art.*
traiter (de)	to deal **with**	I dealt, dealt
porter sur	to bear **on**	I bore, borne
un sujet d'actualité	a topical subject	
aborder une question brûlante	to tackle a burning issue	

Niveau 6 / 6

contacter, joindre qqn	to get in touch with	to get, I got, got (US : gotten)
garder le contact avec	to keep in touch with	to keep, I kept, kept
transmettre un message	to transmit a message	
de sources bien informées	**from** knowledgeable sources	*att. à la prép.* knowledge : *le savoir*
expliquer qqch (à qqn)	to explain smthg (**to** s.o.)	*att. à la prép.*

On dit qu'il est...	He is said to be...	*att. :* tell *est impossible ici* *Peut se construire avec d'autres verbes, comme :* think, expect
les données (inform.)	data	*plur. ;* *une donnée :* a fact, an element
l'autoroute de l'information	the information superhighway	
le courrier électronique	e-mail	*pas d'art.*
une puce électronique	a chip	
un (ordinateur) portable	a laptop (computer)	
un portable	a mobile phone	
une parabole	a (satellite) dish	
la télévision par câble	cable TV	*pas d'art.*
la télévision par satellite	satellite TV	
une chaîne à péage	a pay channel	

Quelques exemples

4

- Can you put me through to Mr Smith? — *Pouvez-vous me passer M. Smith ?*
- I was so angry that I hung up on him. — *J'étais si fâché que je lui ai raccroché au nez.*
- Before Xmas commercials advertise toys and perfume. — *Avant Noël, les spots font la publicité pour des jouets et du parfum.*
- Advertisers try to talk you into buying useless things. — *Les publicitaires essaient de vous convaincre d'acheter des choses inutiles.*

5

- The scandal was exposed by a sensational paper. — *Ce scandale fut révélé par un journal à sensation.*
- This article bears on a topical subject. — *Cet article porte sur un sujet d'actualité.*
- This news item hit the front page. — *Ce fait divers fit la une des journaux.*
- The journalist tackles a social issue here. — *Le journaliste aborde ici un problème de société.*

6

- We get many foreign channels thanks to cable TV. — *Nous captons beaucoup de chaînes étrangères grâce au cable.*
- We try and keep in touch through e-mail. — *Nous essayons de garder le contact par le biais du courrier électronique.*
- I wish you would explain to me why this software (application) doesn't work. — *J'aimerais que tu m'expliques pourquoi ce logiciel ne fonctionne pas.*
- This new chip can store an incredible amount of data. — *Cette nouvelle puce peut emmagasiner un nombre incroyable de données.*
- The minister is expected to resign soon. — *On s'attend à ce que le ministre démissionne prochainement.*

6. Feelings

Niveau 1/6

un sentiment	a feeling	
(se) sentir, ressentir	to feel	I felt, felt
l'amour	love	
aimer bien	to like	
aimer faire qqch	to like doing smthg	*goût constant = gérondif*
J'aimerais aller…	I'd like to go…	*visée (souhait ponctuel) = inf.*
aimer, adorer	to love	*mêmes constructions que pour like*
rire	to laugh	*le rire :* laughter
sourire	to smile	*un sourire :* a smile
espérer qqch	to hope **for** smthg	*l'espoir :* hope
espérer faire qqch	to hope to do smthg	*visée = inf.*
le désespoir	despair	*désespéré :* desperate
le bonheur	happiness	
être (mal)heureux	to be (un)happy	
la chance	luck	*un coup de chance :* a stroke of luck
avoir de la (mal)chance	to be (un)lucky	
un malheur (accident)	a mishap	
la colère	anger	*sing. indén.*
être fâché, en colère	to be angry	**with** s.o. ; **at** smthg
être triste	to be sad	*la tristesse :* sadness
désolé	sorry	
avoir peur de qqch	to be afraid **of** smthg	
craindre qqch	to fear smthg	*la crainte :* fear
Je crains que…	I'm afraid (that)…	

Niveau 2/6

joyeux	merry, gay	*att. autre sens de* gay *: homo*
être content de qqch	to be happy **with** smthg	
être content que…	to be glad (that)	
se réjouir de, attendre avec impatience	to look forward **to**	*+ nom ou* -ing
être ravi de	to be delighted **with**	
profiter de, jouir de	to enjoy	*att. trans. direct ; + nom ou* -ing
être fier de	to be proud **of**	
la fierté	pride	
tirer fierté de	to take pride **in**	
être fier de soi	to be proud **of** oneself	*att. le pronom réfléchi se conjugue :* myself, yourself…

une larme	a tear	
pleurer	to cry, to weep	I wept, wept
souhaiter	to wish	
Je souhaite partir…	I wish to go…	*inf. : les 2 verbes ont le même sujet, souhait réalisable*
Je souhaite que tu restes…	I wish you would stay…	would : *prét. de* will (vouloir) ; *les 2 verbes ont des sujets différents*
Si seulement j'étais… (Je regrette de ne pas être…)	I wish I were…	*prét. modal, souhait irréalisable*
la pitié	pity, mercy	*sing. indén. pas d'article*
avoir pitié de / pour qqn	to feel sorry **for** s.o.	*litt. :* to have mercy **on** s.o.
la compassion	sympathy	*sing. indén. ; compatir :* to sympathize
compatissant	sympathetic	*att. sympathique :* kind, nice

Niveau 3/6

communiquer un sentiment	to convey a feeling	
sensible	sensitive	sensible = *sensé*
emotionnel	emotional	*att. pas de redoublement du -n-*
frappant	striking	to strike, I struck, struck (*ou* stricken)
pris de panique	panic-stricken	*att. à l'ortho. -ck-*
effrayer	to frighten	*effrayant :* frightening
déçu	disappointed	*décevoir :* to disappoint
la déception	disappointment	*indén. ou dén.*
tromper	to deceive	*trompeur :* deceptive
la tromperie	deception	*att. = faux ami*
surmonter (épreuve, etc.)	to get over (a difficulty)	I got, got (US = gotten)
étonnant	surprising	
l'étonnement	surprise	*indén. ou dén.*
la stupéfaction	amazement	*sing. indén.*
être stupéfait, (être stupéfié par)	to be amazed (**at**)	maze = *labyrinthe, dédale*
se sentir seul (esseulé)	to feel lonely	*la solitude :* loneliness
se mettre en colère	to fly into a temper	to fly, I flew, flown *(voler)*
(se) tracasser, (se) tourmenter	to worry	**about** smthg
être ennuyé (gêné, contrarié)	to be annoyed	
s'ennuyer (s'enquiquiner)	to be bored	*ennuyeux :* boring
la haine	hatred, hate	*haïr :* to hate

Quelques exemples

1

- Let's hope for the best. — *Espérons que tout ira pour le mieux.*
- Children love watching television. — *Les enfants adorent regarder la télévision.*
- I'd like to go out to eat tonight. — *J'aimerais aller au restaurant ce soir.*
- He is afraid of losing his job. — *Il a peur de perdre son emploi.*

2

- He looks rather proud of himself. — *Il a l'air plutôt fier de lui-même.*
- They were delighted with their holiday. — *Ils étaient ravis de leurs vacances.*
- I feel sorry for poor Margaret. — *Cette pauvre Margaret, elle me fait de la peine. (...je la plains.)*
- I wish I were lying in the sun just now. — *J'aimerais être étendu au soleil en ce moment. (Si seulement j'étais...)*
- We are looking forward to seeing you. — *Nous attendons avec impatience le plaisir de vous rencontrer. (Dans l'attente de vous rencontrer./ de vous voir.)*

3

- Lionel's speeches were always extremely boring. — *Les discours de Lionel étaient toujours extrêmement ennuyeux.*
- I was amazed at his violent reaction. — *Je fus stupéfié par la violence de sa réaction.*
- I am very disappointed at the way he deceived his followers. — *Je suis très déçu de la manière dont il a trompé ses partisans.*
- Don't worry, she'll soon get over her disappointment. — *Ne t'inquiète pas, elle se remettra vite de sa déception.*

Niveau 4/6

ému, impatient, excité	excited	overexcited : *surexcité*
enthousiasmant, passionnant	exciting	
l'enthousiasme	enthusiasm	*enthousiaste :* enthusiastic
s'enthousiasmer, s'enflammer pour	to get excited **at**	to enthuse **over** = *plus littéraire*
un frisson (peur ou plaisir)	a thrill	thrilling : *qui donne des frissons ;* a thriller : *un roman à suspense*
s'exciter (s'énerver)	to get het up	
tomber amoureux de	to fall in love **with**	
le coup de foudre	love at first sight	*mot à mot = à première vue*
passionné(ment)	passionate(ly)	*att. un seul -n-*
une relation, des rapports	a relationship	
s'attendre à qqch (de qqn)	to expect smthg (from s.o.)	*att. : attendre un enfant =* to be expecting a baby
attendre qqn (à la gare)	to wait **for** s.o.	
agréable	nice, pleasant	
plaire, faire plaisir	to please	

être satisfait de	to be pleased **with**, to be satisfied **with**	
être réticent pour	to be reluctant to	*+ inf.*

Niveau 5/6

la nostalgie	nostalgia	*sing. indén.*
une humeur	a mood	moody : *mélancolique*
être d'humeur à	to be in the mood **for**	
la mélancolie	melancholy	
mélancolique	melancholy	*att. nom et adj. identiques*
avoir le mal du pays	to be homesick	sick : *malade, souffrant*
faire confiance à qqn	to trust s.o.	*att. trans. direct*
confier qqch à qqn	to trust s.o. **with** smthg	
la confiance	confidence	
être confiant	to be confident	
familier	familiar	
être familiarisé avec	to be familiar **with**	
la conscience (morale)	conscience	*conscience intellectuelle :* consciousness
coupable	guilty	*la culpabilité :* guilt
un coupable	a culprit	
avoir mauvaise conscience	to have a guilty conscience	
être inquiet	to be worried	*inquiétant :* worrying *(att. à la séquence -yi-)*
Cela m'inquiète...	It worries me...	
se soucier de qqch, prendre qqch à cœur	to care **about** smthg	careful : *soigneux ;* careless : *sans soin, imprudent*
Je m'en moque.	I don't care.	*Je m'en fiche complètement. :* I couldn't care less.
préférer qqch à autre chose	to prefer smthg **to** smthg else	
Je préfèrerais aller...	I'd rather go...	*att.* -'d- = would ; *inf.* ***sans*** **to**
Je préfèrerais que tu partes...	I'd rather you went...	*le sujet du verbe 2 est différent = prét.*

Niveau 6/6

une ambiance	an atmosphere	
être gêné, embarrassé	to be embarrassed	
se méfier (de qqch)	to be wary (**of** smthg)	*Attention au chien ! :* Beware of the dog !
compter sur qqn, se fier à qqn ou qqch.	to rely **on**	reliable : *fiable*

se confier à qqn	to confide **in** s.o.	
la jalousie	jealousy	*sing. indén.*
jaloux (-se)	jealous	*envieux :* envious
avoir envie de qqch., avoir le beguin pour qqn	to fancy smthg / s.o.	
la vengeance	revenge	*sing. indén.*
se venger de qqn	to take revenge **on** s.o.	
être touché, ému	to be moved	*ému aux larmes :* moved to tears
contrarié, bouleversé	upset	
avoir des remords	to feel remorse	*sing. indén.*
regretter une erreur	to regret a mistake, to feel sorry **for** a mistake	
Je regrette d'avoir fait cette erreur.	I wish I had **not** made that mistake.	*p.q.p. de l'irréel du passé ; att. en passant de « regretter » à* « to wish »*, l'affirmation devient négation et vice versa*
Tu me manques.	**I** miss **you**.	*att. construction inversée par rapport au français*

Quelques exemples

4

- He got very excited at the prospect. — *Il s'enthousiasma à cette perspective.*
- It was love at first sight; Dante fell passionately in love with Beatrix. — *Ce fut le coup de foudre ; Dante tomba passionnément amoureux de Béatrice.*
- I've been waiting for you (for) two hours! — *Cela fait deux heures que je t'attends !*
- Don't get het up, the train was late! — *Ne t'énerve pas, le train avait du retard !*
- I didn't expect such a brutal reaction from Gertrude. — *Je ne m'attendais pas à une réaction aussi brutale de la part de Gertrude.*

5

- I'm not in the mood for joking today. — *Je ne suis pas d'humeur à plaisanter aujourd'hui.*
- I wouldn't trust him with my savings! — *Je ne lui confierais pas mes économies !*
- Jennifer prefers ballet to cinema. — *Jennifer préfère la danse classique au cinéma.*
- She would rather go to the opera than to the cinema. — *Elle préfère(rait) aller à l'opéra plutôt qu'au cinéma.*
- She doesn't care about what people think of her. — *Elle se moque de ce que les gens pensent d'elle.*

6

- You can rely on him to take the right decisions. — *Tu peux compter sur lui ; il prendra les bonnes décisions.*
- I wish I had confided in her. — *Je regrette de ne pas m'être confié à elle.*
- The culprit was very upset and bitterly regretted his mistake. — *Le coupable était bouleversé et regrettait amèrement son erreur.*
- I miss the atmosphere of that old pub in Sale. — *L'ambiance de ce vieux café de Sale me manque.*

7. Personality

Niveau 1 / 6

le caractère, l'humeur	the temper	a character : *un personnage*
avoir bon caractère	to be good-tempered	*adj. composé décrivant une caractéristique constante = adj. + nom + -ed*
avoir mauvais caractère	to be bad-tempered	*idem*
gentil, sympathique	kind, nice	*c'est gentil à vous de... :* it's kind of you to...
compatissant, plein de sollicitude	sympathetic	*compatir :* to sympathize
doux, gentil	sweet	*la douceur :* sweetness
être fou	to be mad	*fou de colère :* mad (with anger)
un fou	a madman, a lunatic	
la volonté	the will	willpower : *la force de caractère*
consentir à	to be willing to	*+ inf.*
être porté sur, raffoler de	to be keen **on**	*+ nom ou gérondif (*-ing*)*
le courage (la vaillance)	courage	*courageux :* courageous
travailleur, appliqué	hard-working	
paresseux, fainéant	lazy	laziness : *la paresse*
égoïste	selfish	*l'égoïsme :* selfishness
sévère	severe, stern	*une critique sévère :* a harsh criticism
être sévère avec qqn	to be hard **on** s.o.	*att. à la préposition*
sérieux (qui ne plaisante pas)	serious	*le sérieux :* seriousness
sérieux (sincère)	earnest	*sérieusement :* earnestly, in earnest
être capable (de)	to be able **to**	*+ inf.*
	to be capable **of**	*+ nom ou* -ing.
être prêt à (psychologiquement)	to be prepared **to**	*+ inf.*
ou :	to be prepared **for**	*+ nom*
la peur	fear	*sans peur :* fearless
prudent	prudent, cautious	*la prudence :* prudence, caution
imprudent	reckless, imprudent	*l'imprudence :* recklessness
soupçonneux, méfiant	suspicious	

Niveau 2 / 6

individuel(lement)	individual(ly)	*un individu :* an individual
la curiosité (l'indiscrétion)	curiosity	*sing. indén. pas d'article*
curieux	curious	*indiscret ou étrange*
(in)discret	(in)discreet	
doué	gifted	*un don :* a gift
intelligent, avisé	intelligent, clever, smart (US)	*l'intelligence :* intelligence
comprendre	to understand	I understood, understood
saisir	to grasp	*sens figuré ou littéral*
astucieux	astute	
subtil(e)	subtle	
brillant	brilliant, bright	*un elève brillant :* a bright pupil
obéir à qqn	to obey s.o.	*att. trans. direct*
obéissant	obedient	
l'obéissance	obedience	*sing. indén. ; pas d'article*
responsable de	responsi ble **for**	*att. orthographe ; la responsabilité :* responsibility
être reconnaissant de / pour	to be grateful **for**	*remercier qqn :* to thank s.o. (for)
ingrat	ungrateful	*l'ingratitude :* ingratitude
la patience	patience	*indén. sing. pas d'article*
(im)patient	(im)patient	
haïr, détester	to hate	*le c.o.d. peut être un verbe : au gérondif cf.* I hate running...
se vanter de	to boast **of**	*+ nom ou gérondif*
vantard	boastful	
cruel	cruel	*la cruauté :* cruelty
indulgent	indulgent	*pour un jury :* lenient

Niveau 3 / 6

stupide, imbécile	stupid, foolish	*att. adj.*
un imbécile, un crétin	a fool, a cretin	*att. nom*
sage, prudent	wise	*la sagesse :* wisdom
sage (enfant)	well-behaved, good	*bien élevé :* well-bred
vilain, désobeissant	naughty	
vif, vivant	lively	
l'humour	humour	*humoristique :* humorous
avoir de l'humour	to have a sense of humour	
juste, correct	fair	*la correction :* fairness
avoir de la correction	to have a sense of fairness	

rusé, futé, malin	cunning	*la ruse :* cunning ; *une ruse :* a piece of cunning
têtu, obstiné	stubborn	
décidé, volontaire	determined	*(se) décider :* to decide
serviable	helpful, obliging	
enthousiaste	enthusiastic	*l'enthousiasme :* enthusiasm
timide	shy	*la timidité :* shyness
hypocrite (adj.)	hypocritical	*l'hypocrisie :* hypocrisy ; *un hypocrite :* a hypocrite
avare	miserly	*att., il s'agit d'un adj. l'avarice :* miserliness
un avare	a miser	
mesquin	mean	
facile à vivre	easy-going	
soucieux	worried	*Il a l'air soucieux. :* He looks worried.
insouciant	carefree	

Quelques exemples

1

• It was kind of you to offer!	*C'était gentil de ta part de le proposer !*
• I am not really keen **on** modern painting.	*Je ne suis pas vraiment porté sur la peinture moderne.*
• Don't be too hard on poor Joe, he is so earnest.	*Ne sois pas trop sévère pour ce pauvre Joe, il est si sincère.*
• I am always prepared for the worst.	*Je m'attends toujours au pire.*

2

• He came to see us **out of** curiosity.	*Il est venu nous voir par curiosité.*
• Why doesn't he obey orders?	*Pourquoi n'obéit-il pas aux ordres ?*
• I feel responsible **for** this failure.	*Je me sens responsable de cet échec.*
• She hates asking indiscreet questions.	*Elle déteste poser des questions indiscrètes.*
• Gabriel always boasts of being a lady-killer	*Gabriel se vante toujours d'être un bourreau des cœurs.*

3

• He is a helpful but very stubborn lad.	*C'est un garçon serviable, mais très têtu.*
• Whatever you do, never lose your sense of humour.	*Quoi que vous fassiez, gardez toujours votre humour.*
• Everyone appreciates him for his sense of fairness.	*Tout le monde l'apprécie pour sa correction. (son sens de la justice)*
• I can't stand their hypocritical ways.	*Je ne puis supporter leurs façons d'agir hypocrites !*

Niveau 4 / 6

une humeur	a mood	moody : *mélancolique*
être d'humeur à	to be in the mood **for**	
se sentir sûr (de soi)	to feel secure	
avoir conscience (être conscient) de sa valeur	to be conscious **of** one's worth	consciousness : *la conscience (intellectuelle)*
l'égoïsme	selfishness	*sing. indén. pas d'article*
égoïste (adj.)	selfish	*un égoïste :* a selfish person
un mégalomane	a megalomaniac	mania : *la manie, l'obsession*
fidèle à (qqn ou qqch.)	to be faithful **to**	faith : *la foi*
ou :	to be true **to**	truth : *la vérité*
la fidélité	faithfulnes	*sing. indén.*
affectueux, tendre	fond	to be fond **of** : *aimer beaucoup, être amateur de*
préférer ... à ...	to prefer ... **to** ...	*+ nom ou + gérondif (*-ing*)*
lâche	cowardly	*att. adj. ; lâchement :* in a cowardly way
un lâche, un couard	a coward	
la lâcheté	cowardice	*sing.*
zélé	zealous	*le zèle :* zeal
ambitieux	ambitious	*l'ambition :* ambition
un arriviste	a social climber	
content de soi	self-satisfied	*le contentement de soi :* self satisfaction
égocentrique	self-centered	
confiant	confident	*trop confiant :* overconfident
manquer de confiance	to lack confidence	*att. le verbe est trans. direct ; un manque de confiance :* a lack of confidence

Niveau 5 / 6

raisonnable	reasonable	*la raison :* reason
sensé	sensible	*att. faux ami*
le bon sens	common sense	
sociable	sociable	
calme	quiet, calm	
flegmatique, calme	composed	*le flegme :* composure
garder son calme	to keep one's cool	to keep, I kept, kept
loquace, bavard	talkative	*un bavard :* a chatterbox
avoir de l'esprit	to be witty	*l'esprit :* wit
ironique	ironical	*l'ironie :* irony
sarcastique	sarcastic	*le sarcasme :* sarcasm

distrait	absent-minded	*la distraction :* absent-mindedness
une distraction	an entertainment	distraction : *la folie (furieuse)*
pertinent	relevant	*la pertinence :* relevance
hors de propos, peu pertinent	irrelevant	
négliger	to neglect	*négligent :* negligent, careless
calme, placide, décontracté	relaxed	
modeste	modest, unassuming	*la modestie :* modesty
croyant	religious	*un croyant :* a believer
brave (courageux)	courageous	
téméraire, hardi	bold	*la témérité* : boldness
(in)vulnérable	(in)vulnerable	
la mélancolie	melan**ch**oly	*le ch se prononce [k]*
mélancolique	melancholy	*att. : l'adj. est identique au* nom

Niveau 6 / 6

s'identifier (à)	to identify **(with)**	*att. pas de pronom réfléchi*
sensible, réceptif à	sensitive **to**	
sensible, susceptible	touchy	
mentir	to lie	*verbe régulier :* I lied, lied
un menteur	a liar	*un mensonge :* a lie
embellir, farder (vérité)	to embellish, to gloss over	
dire la vérité	to tell the truth	to tell, I told, told
croire	to believe	
crédule	gullible	*la crédulité :* gullibility
méfiant	wary	
un préjugé	a prejudice, a bias	
avoir des préjugés	to be prejudiced / biased	unbiased : *neutre* to seek unbiased advice : *demander un arbitrage*
exubérant ; (sentiment) excessif	exuberant	
dépensier, prodigue	extravagant	*pour un objet = luxueux*
se montrer à la hauteur de... (fig.)	to live up to...	*cf.* to live up to one's reputation
borné	narrow-minded	
malicieux, méchant	vicious	*att. faux ami*
imprévisible, incalculable	unpredictable	to predict : *prédire*
hautain, imbu de sa personne	haughty	haughtiness : *la hauteur*
faire le malin	to show off	

un maniaque, un passionné	a maniac	a computer maniac : *un mordu d'informatique*
une manie, une passion	a mania	manic = *adj. : obsessionnel, frénétique*
névrosé	neurotic	*une névrose :* a neurosis
obsessif	obsessive	
être obsédé (par)	to be obsessed **(with)**	
paranoïaque	paranoid	*la paranoïa :* paranoia

Quelques exemples

4

- Sorry, I'm not in the mood for joking. — *Désolé, je ne suis pas d'humeur à plaisanter.*
- To the end, Gandhi remained faithful to his principles. — *Jusqu'au bout, Gandhi demeura fidèle à ses principes.*
- She lacks confidence, she isn't conscious of her worth. — *Elle manque de confiance, elle n'a pas conscience de sa valeur.*
- He is a social climber; I am confident he will succeed in life. — *C'est un arriviste ; j'ai confiance, il réussira dans la vie.*

5

- He seems to enjoy making irrelevant remarks. — *Il semble prendre plaisir à faire des remarques incongrues.*
- Don't be so sarcastic; sarcasm is the lowest form of wit. — *Ne sois pas si sarcastique, le sarcasme est la plus piètre forme d'esprit.*
- He is a sensible man, who always manages to keep his cool. — *C'est un homme sensé, qui arrive toujours à garder son calme.*
- Mr Godwill is totally self-centered; he prefers talking of himself to listening to the others. — *M. Godwill est extrêmement égocentriste, il préfère parler de lui-même qu'écouter les autres.*

6

- Bernard lived up to his reputation: he showed off the whole evening. — *Bernard n'a pas failli à sa réputation : il a fait le malin toute la soirée.*
- He is a born liar: he has no difficulty in making people believe his lies. — *C'est un menteur né ; il n'a aucun mal à faire croire ses histoires aux gens.*
- Most youngsters need to identify with their sporting heroes. — *La plupart des jeunes ont besoin de s'identifier à leurs héros sportifs.*
- Some people are obsessed with money; Henry is merely a sex maniac. — *Certains sont obsédés par l'argent ; Henry est simplement un obsédé sexuel.*
- He is too prejudiced to be a good judge in this conflict. — *Il a trop de préjugés pour être bon juge dans ce conflict.*

8. Behaviour

Niveau 1 / 6

le comportement	behaviour	*généralement indén.*
se comporter	to behave	*att. pas pronominal dans ce sens*
bien se conduire	to behave well, to behave oneself	well-behaved, well-bred : *bien élevé*
mal se conduire	to behave badly, to misbehave	ill-bred, ill-behaved : *mal élevé*
être gentil (avec qqn)	to be kind (**to** s.o.)	*la gentillesse :* kindness
amical	friendly	*att. adj. ; amicalement :* in a friendly way
être d'accord	to agree	*avec qqn :* with s.o.
gentil (gentiment)	nice(ly)	
amusant	amusing	*être amusé :* to be amused
divertissant	entertaining	*un divertissement :* an entertainment
gai, joyeux	merry, cheerful	*la gaité* : cheerfulness ; *joyeusement :* merrily, cheerfully
s'occuper de, surveiller	to look **after**	
responsable de	responsible **for**	*un responsable :* an official
la responsabilité	respon**si**bility	*att. à l'ortho.*
s'habituer à	to get used to	*+ nom ou* -ing
être habitué à qqch.	to be used to smthg	*+ nom ou* -ing
une habitude	a habit	
une coutume	a custom	*être accoutumé à :* to be accustomed to
promettre	to promise	*une promesse :* a promise
tenir une promesse	to keep a promise	to keep, I kept, kept

Niveau 2 / 6

un ennemi	an enemy	*att. ortho.*
hostile, ennemi (adj.)	hostile, enemy	*l'hostilité :* hostility
(mal)honnête	(dis)honest	*l'honnêteté :* honesty
mentir	to lie	I lied, lied
mentir à qqn	to lie **to** s.o., to tell s.o. a lie	*un mensonge :* a lie
un menteur	a liar	*att. ortho.*
dire la vérité	to tell the truth	to tell, I told, told
se moquer de qqn, rire de qqn	to laugh **at** s.o., to make fun **of** s.o.	
ou	to mock s.o.	*att. trans. direct*

la honte	shame	*Quelle honte !* = What a disgrace !
avoir honte de	to be ashamed **of**	
déranger	to disturb	*dérangement :* disturbance
perturber	to disrupt	*perturbation :* disruption
prendre part à, participer à	to take part **in**, to participate **in**	*la participation :* participation
remarquable	remarkable, outstanding	*remarquablement :* outstandingly
étrange, bizarre	strange, odd, weird	*étrangement :* strangely, oddly
s'adapter à	to adapt **to**	*att. pas de pronom réfléchi*
rendre un service à qqn	to do s.o. a favour	to do, I did, done

Niveau 3 / 6

faire son devoir	to do one's duty	
donner l'exemple	to set **an** example	to set, I set, set ; *att. à l'art.*
raisonnable, sensé	reasonable, sensible	*le bon sens :* common sense
conventionnel	conventional	*att. à l'ortho.*
renoncer à	to give up, to renounce	*att. trans. direct ; + nom ou* -ing
faire sans qqch., se passer de qqch.	to make do without smthg	*mot à mot : faire aller sans*
se débarrasser de	to get rid **of**	*Bon débarras ! :* Good riddance !
hésiter	to hesitate	*l'hésitation :* indecision
être méfiant	to be wary	
se fier à, se méfier de (qqch. ou qqn)	to trust, to mistrust (smthg or s.o.)	*att. trans. direct*
prévenir qqn d'un danger	to warn s.o. **of** a danger	
mettre qqn en garde contre	to warn s.o. **against**	*+ nom ou* -ing
exagérer	to exaggerate	*att. redoublement du* -g-
tromper qqn	to deceive smbdy	*att. faux ami ; la tromperie :* deception
gronder	to scold	
moqueur, ironique	ironical	*l'ironie :* irony
insulter qqn, abuser de qqn (ou qqch.)	to abuse s.o. (smthg)	*att. toujours trans. direct*
taquiner	to tease	strip-tease : *mot à mot = taquinerie par le déshabillage*
se payer la tête de qqn	to pull someone's leg	

Quelques exemples

1

- Behave yourself! — *Tiens-toi bien !*
- He behaved very badly towards his associates. — *Il s'est très mal comporté envers ses associés.*
- I'm not used to British roads. — *Je n'ai pas l'habitude des routes britanniques.*
- You'll soon get used to driving on the left. — *Tu t'habitueras vite à conduire sur la gauche.*
- They finally agreed to disagree. — *En fin de compte, ils se sont accordés pour admettre leur désaccord.*

2

- Could you do me a favour? — *Pourriez-vous me rendre un service ?*
- I wish you would stop making fun of your English teacher. — *J'aimerais que tu cesses de te moquer de ton professeur d'anglais.*
- Your behaviour is a disgrace; you should be ashamed of yourself! — *Ton comportement est indigne ; tu devrais avoir honte (de toi) !*
- He is a born liar: he'd rather lie than tell the truth. — *C'est un menteur-né : il préfère mentir plutôt que dire la vérité.*

3

- Jack gave up smoking overnight and was very proud of himself. — *Jack a cessé de fumer du jour au lendemain, et il était très fier de lui.*
- Being the eldest, you should set an example. — *Étant l'aîné, tu devrais donner l'exemple.*
- We'll have to make do without a car, we can't afford it any more. — *Nous allons devoir nous passer de voiture, nous n'avons plus les moyens.*
- I warned him against (taking) too quick a decision. — *Je l'ai mis en garde contre une (prise de) décision trop rapide.*

Niveau 4 / 6

laisser tomber qqn	to let s.o. down	to let, I let, let
aider, assister	to help, to assist	*att. : assister à un incident* = to witness an incident
exploiter (une personne)	to exploit, to sweat s.o.	to sweat *(intrans.) = suer*
respecter la loi	to abide **by** the law	I abode (abided), abode (abided)
un citoyen respectueux de la loi	a law-abiding citizen	
imiter, rivaliser avec	to imitate, to emulate	
flatter qqn	to flatter s.o.	*flatteur (adj.) :* flattering
respecter	to respect	*respectueux :* respectful
avoir des égards pour	to have (some) consideration **for**	*att. sing. indén.*
manquer d'égards envers qqn	to be disrespectful **towards** s.o.	
tenir compte de qqch.	to take smthg **into** account	to take, I took, taken

se consacrer à qqch.	to devote oneself **to**	*consacrer son temps à :* to devote one's time to
faire faire qqch. à qqn	to make someone do smthg	*notion de contrainte* *att. inf. sans* to
amener qqn à faire qqch.	to have someone do smthg	*notion de persuasion* *att. inf. sans* to
s'attendre à	to expect	*att. trans. direct ou + inf.*
compter sur	to rely **on**	*qqch. ou qqn*
avoir des doutes	to harbour doubts	*att. ortho.*
formuler des réserves	to express reservations	

Niveau 5 / 6

se plaindre (de)	to complain (about)	*att. pas de pronom réfléchi en anglais*
avoir envie de (faire) qqch.	to feel like (doing) smthg	*+ nom ou* -ing
se retirer	to withdraw	I withdrew, withdrawn
se faire remarquer	to get noticed	
se faire comprendre	to make oneself understood	to understand, I understood, understood
se vanter (de)	to boast (**of**)	*+ nom ou* -ing
faire de l'épate	to show off	
satisfaire	to satisfy	*être satisfait :* to be satisfied
se faire plaisir (s'offrir)	to indulge oneself (with)	self-indulgence : *le laisser-aller, la complaisance*
épargner qqch. à qqn	to spare s.o. smthg	
faire qqch. exprès	to do smthg **on** purpose	purpose : *le propos, l'intention*
être ouvert (d'esprit)	to be open-minded	*large d'esprit :* broad-minded, *d'esprit étriqué :* narrow-minded
agir par dépit	to act **out of** spite	
s'en tirer (à bon compte)	to get away with it	
se conduire de manière (ir)responsable	to behave (ir)responsibly	
être responsable (coupable) de	to be guilty **of**	*un coupable :* a culprit
faire de la provocation	to be provocative	
défier, lancer un défi	to challenge	a challenge : *un défi (et non « un challenge »)*
menacer qqn de	to threaten s.o. **with**	
menacer, mettre en danger	to jeopardize, to put in jeopardy	
une menace	a threat	

Niveau 6 / 6

importuner qqn ; harceler qqn	to harass s.o.	
le harcèlement sexuel	sexual harassment	
Il ne peut s'empêcher de...	He can't help...	+ -ing. He can't help it. = *Il ne peut pas s'en empêcher.*
Il ne peut supporter...	He can't stand...	*+ nom ou* -ing
se refuser qqch.	to deny oneself smthg	self denial : *l'abnégation*
réussir (à), se débrouiller (pour)	to manage (**to**)	*+ inf.*
ou :	to succeed (**in**)	*+ nom ou* -ing
s'en sortir	to cope (with)	
s'entendre avec qqn	to get on with s.o.	to get, I got, got
être à la hauteur de	to live up to	*+ nom*
être impliqué, pris dans qqch.	to be involved **in**	*l'implication :* involvement
prétendre, faire semblant de	to pretend	
s'affirmer	to assert oneself	*affirmer son autorité :* to assert one's authority
(ir)rationnel	(ir)ratio**nal**	*attention à l'ortho.*
être inhibé (sans inhibitions)	to be (un)inhibited	
surmonter (inhibitions difficultés)	to overcome	I overcame, overcome
inciter qqn à	to encourage s.o. to, to prompt s.o. to	*+ inf. (visée)*
soutenir (moralement ou financièrement)	to support	
tolérer, cautionner	to condone	
fermer les yeux sur	to turn a blind eye on	*mot à mot : tourner un œil aveugle sur*

Quelques exemples

4

- Kurt may lack finesse, but he is someone you can rely on. — *Kurt manque peut-être de finesse, mais c'est quelqu'un sur qui on peut compter.*
- She devoted her life to helping the poor and the sick. — *Elle consacra sa vie à l'aide aux pauvres et aux malades.*
- Some famous firms have been accused of sweating Third-World children. — *On a accusé certaines entreprises connues d'exploiter des enfants du tiers-monde.*
- You are supposed to abide by the law, not to take it into your own hands. — *Vous êtes censés respecter la loi, non vous faire justice vous-mêmes.*

5

• For God's sake, spare us the gory details!	*De grâce, épargne-nous les détails sanglants.*
• Even abroad Henry always manages to make himself understood.	*Même à l'étranger, Henry parvient toujours à se faire comprendre.*
• I do feel like a nice cup of tea just now.	*Tiens j'ai vraiment envie d'une bonne tasse de thé en ce moment.*
• On a Sunday Grandma often indulges herself with a glass of sherry...	*Le dimanche, Mamie s'offre souvent un verre de xérès...*

6

• How are you getting on with your colleagues?	*Est-ce que tu t'entends bien avec tes collègues ?*
• I find it increasingly difficult to cope with all my homework.	*J'ai de plus en plus de mal à faire tous mes devoirs.*
• Bill lived up to his reputation and started harassing his new secretary straightaway.	*Pour ne pas faillir à sa reputation, Bill se mit immédiatement à harceler sa nouvelle secrétaire.*
• I cannot help thinking that he did it on purpose and probably out of spite.	*Je ne puis m'empêcher de penser qu'il l'a fait exprès et qu'il a probablement agi par dépit.*

9. School

Niveau 1 / 7

aller à l'école	to go to school	*att. pas d'art.*
un élève	a pupil	US : a student
un écolier, une écolière	a schoolboy, a schoolgirl	
les écoliers	schoolchildren	*plur.*
un camarade d'école	a schoolfellow	
un uniforme	a school uniform	
une école primaire	a primary school	
une école secondaire	a secondary school	
un(e) enseignant(e)	a teacher	*s'il faut préciser : une enseignante* = a female teacher
un instituteur (professeur des écoles)	a primary school teacher	
apprendre (élève)	to learn	I learnt, learnt *ou* I learned, learned
enseigner	to teach	I taught, taught
avoir cours	to have a lesson	*att. à l'art.*
faire des études, étudier	to study	
un exercice	an exercise	*att. à l'ortho.*
une copie, un devoir	a paper	
une faute	a mistake	*faire des fautes* : to make mistakes
une note	a mark	
corriger, noter	to mark	*corriger des copies :* to mark papers
un mot	a word	
une phrase	a sentence	*att.* phrase, *faux ami, signifie « expression »*
une ligne, un vers	a line	
une leçon, une séance	a period	a 45-minute period : *un cours de 45 minutes*
un correspondant	a pen friend	pen : *plume, stylo*
les vacances (scolaires)	holidays	*plur.* ; US : vacation
les grandes vacances	summer holidays	

Niveau 2 / 7

l'enseignement	teaching, tuition
l'instruction	education
une classe (locaux)	a classroom
copier	to copy

réciter	to recite	
rédiger un essai	to write an essay	to write, I wrote, written
une classe (groupe)	a form	
les devoirs	homework	*sing. indén.*
une matière	a subject	
intéressant	interesting	*accent tonique sur la 1re syllabe ;* interested : *interessé*
passionnant	exciting	excited : *passionné*
ennuyeux	boring, dull	bored : *qui s'ennuie*
une récréation, une pause	a break	
une cour de récréation	a playground	
une brute, une terreur	a bully	to bully : *brutaliser*
un trimestre	a term	
des vacances de mi-trimestre	half-term holidays	
un examen	an exam	*ou* examination
le baccalauréat	(GCE) A levels	*un* « A level » *par matière choisie ; on en passe souvent trois*
passer un examen	to take / to sit an exam	*au sens de se présenter, tenter*
ou :	to pass an exam	*au sens de réussir*
échouer à un examen	to fail an exam	*att. trans. direct*
être doué	to be gifted	a gift : *un don*
être instruit, cultivé	to be well educated	uneducated : *sans instruction*
un jeune qui quitte l'école	a school leaver	the school leaving age : *l'âge de quitter l'école*

Niveau 3 / 7

une université	a university	*att. à l'art. (-u- initial est traité comme une consonne)*
une faculté	a college	
aller à l'université (en fac)	to go to college	
un étudiant	a student	*att. à l'ortho.*
le savoir, les connaissances	knowledge	*sing. indén.*
la science, les sciences	science	*sing. indén. au sens général*
faire des études scientifiques	to read science	
une théorie	a theory	*théorique :* theoretical
un cours, une conférence	a lecture	a course : *(suite de) cours sur un semestre, une année etc.*
suivre un cours	to attend a lecture	
un maître de conférence, un conférencier	a lecturer	

un examen blanc	a mock exam	
un contrôle (scolaire)	a test	*contrôler :* to test
un écrit	a written exam	
un oral	an oral exam	
(repasser) un examen	to resit an exam	
un diplôme	a degree	
apprendre par cœur	to learn by heart	
le bachotage	cramming	to cram : *bourrer*
brillant	bright, brilliant	
peu doué, limité	dull	
redoubler	to do a year again	*le phénomène est rare dans les écoles anglo-saxonnes*
la formation (pratique), l'apprentissage	vocational training	*formation continue :* further training
une qualification	a qualification	to qualify : *se qualifier, être apte*

Quelques exemples

1

- Lewis Carroll did not go to school until he was twelve. — *Lewis Carroll ne commença à aller à l'école qu'à l'âge de douze ans.*
- Traditionally all English schoolchildren wore uniforms. — *Traditionnellement, tous les écoliers anglais portaient des uniformes.*
- Our poor teacher spent all her weekends marking papers. — *Notre pauvre professeur passait tous ses weekends à corriger des copies.*
- He wanted to learn Spanish, but he was taught German instead. — *Il voulait apprendre l'espagnol, mais, au lieu de cela, on lui a enseigné l'allemand.*

2

- Good teachers make their subjects sound exciting. — *Les bons professeurs rendent leur matière passionnante.*
- She was very gifted, she passed her A Levels at 16. — *Elle était très douée, elle a passé son Bac à 16 ans.*
- Do you really think our elders were better educated than we are? — *Croyez-vous vraiment que nos aînés étaient plus cultivés que nous ?*
- Many people go skiing during the February half-term holidays. — *Beaucoup de gens vont skier pendant les vacances de février.*

3

- He doesn't have enough knowledge to succeed in college. — *Il n'a pas assez de connaissances pour réussir en fac.*
- He wasn't a very bright student, he had to learn everything by heart. — *Ce n'était pas un étudiant très brillant, il devait tout apprendre par cœur.*
- The most brilliant young Britons can qualify to study at Oxford or Cambridge. — *Les jeunes Britanniques les plus brillants peuvent prétendre faire leurs études à Oxford ou Cambridge.*
- He hasn't attended all the lectures and he won't be allowed to sit the exam. — *Il n'a pas assisté à tous les cours et ne sera pas autorisé à se présenter à l'examen.*

Niveau 4 / 7

les compétences de base	the basic skills	
la lecture	reading	to read, I read, read
l'écriture	writing	
le calcul	arithmetic	
faire des additions	to do sums	addition, substraction, multiplication, division *= comme en français ; (accent tonique sur l'avant-dernière syllabe)*
répondre à une question	to answer a question	*att. trans. direct*
un questionnaire à choix multiples	multiple choice questions	
le bulletin	the (school) report	
une récompense	a reward	*récompenser :* to reward ; rewarding : *gratifiant*
le niveau	the level	
faire des progrès	to make progress	*sing. indén.*
un voyage scolaire	a school trip	
un chef d'établissement	a headmaster, a headmistress	
un proviseur (principal) adjoint	a deputy headmaster / headmistress	
faire l'appel	to call the roll	
un (professeur) responsable de section	a head of department	
un professeur principal	a form-master / mistress	
la salle des professeurs	the staffroom	staff : *le personnel*
un laboratoire	a laboratory	*un labo de langues* : a language lab
calme	quiet	
turbulent, indiscipliné	unruly, rowdy	a rule : *une règle, un règlement*
pas sage, désobéissant	naughty	
la retenue, la colle	detention	
sévère	severe, stern	
indulgent	lenient	
alphabétisé	literate	computer literate : *qui a des notions d'informatique*
l'illettrisme	illiteracy	literacy : *l'alphabétisation*
quitter l'école (prématurément)	to drop out of school	
l'égalité des chances	equal opportunity	

Niveau 5 / 7

une crèche	a day-care center	
une école maternelle	a nursery school	
l'école publique	state school	
un collège + lycée	a secondary school (GB)	*système public indifférencié*
un collège	a junior high school (US)	
un lycée	a grammar school GB)	*système traditionnel et sélectif, devenu peu fréquent*
un lycée	a high school (US)	*ou* Grade 6 (US)
un collège privé	a public school (GB)	*chic, payant et très élitiste*
les frais de scolarité	school fees	
un pensionnat	a boarding school	*un pensionnaire :* a boarder
un pion (surveillant)	a prefect	*rôle tenu par des terminales méritants en GB*
la sixième	first form (GB), Year 6 (US)	
la terminale	sixth form (GB), Year 12 (US)	*un (élève de) terminale :* a sixth-former
transmettre le savoir	to convey knowledge	
une bourse d'études	a scholarship	*accordée sur la base du mérite*
se qualifier, être apte	to qualify	for + *nom* to + *inf.*
les résultats (scolaires)	the results	
l'emploi du temps	the time-table	
faire l'école buissonnière	to play truant	*att. faux ami ; un truand =* a crook
un stagiaire	a trainee	
un stage	a training course	*faire un stage :* to go / be on a training course
le stage en entreprise	on the job training	
un atelier	a workshop	
un cours particulier	a private lesson	
les cours du soir	evening classes	

Niveau 6 / 7

l'orthographe	spelling		
épeler	to spell		I spelt, spelt
Excellent	Excellent	**ou :** *A*	**ou :** *9-10/10*
Très Bien	Very Good	**ou :** *B*	**ou :** *8/10*
Bien	Good	**ou :** *C*	**ou :** *7/10*
Assez Bien, Satisfaisant	Quite Good,	**ou :** *D*	**ou :** *6/10*
Passable	Satisfactory	**ou :** *E*	**ou :** *5/10*
Médiocre	Poor	**ou :** *F*	**ou :** *4/10*
Insuffisant	Below Standard		**ou :** *1 à 3/10*

zéro, nul	nought	
avoir 20/20, le maximum	to get top marks	
un tableau	a blackboard	
un rétroprojecteur	an overhead projector	
un cahier	an exercise book	
un dossier	a file	
un manuel (scolaire)	a textbook	
la grammaire	grammar	*att. pas d'article*
l'histoire	history	
la géographie	geography	
les mathématiques	mathematics, math(s)	*sing.*
la physique	physics	*sing.*
la chimie	chemistry	
la mécanique	engineering	
être bon en maths	to be hot (good) **at** maths	
un bûcheur	a plodder	
un entretien	an interview	to have an interview : *passer un entretien*
une candidature	an application	
faire acte de candidature à	to apply **to**	*cf. université*

Quelques exemples

4

- The form-master said that John had made very good progress. — *Le professeur principal a dit que John avait fait beaucoup de progrès.*
- Some secondary school teachers find it hard to cope with unruly youngsters. — *Certains professeurs ont du mal avec les jeunes turbulents.*
- Too many teenagers drop out of school without any qualifications. — *Trop d'adolescents quittent l'école sans avoir aucun bagage.*
- Apparently at least 10% of school leavers are still illiterate. — *Il apparaît qu'au moins 10 % des jeunes sont encore analphabètes quand ils quittent l'école.*

5

- Given the astronomical school fees, public schools are reserved for the rich. — *Étant donnés les frais de scolarité astronomiques, les collèges privés sont réservés aux riches.*
- He often played truant and his school results left much to be desired — *Il faisait souvent l'école buissonnière et ses résultats laissaient beaucoup à désirer.*
- In France 80% of all sixth-formers graduate from school each year. — *En France, 80 % des terminales ont leur diplôme (Bac) chaque année.*
- He is currently on a training course in a computer firm. — *Il fait actuellement un stage dans une entreprise d'informatique.*

6

- Maths is his favourite subject; nobody's perfect... — *Les maths sont sa matière préférée ; nul n'est parfait...*
- He has never been good enough at physics to become an engineer. — *Il n'a jamais été assez bon en physique pour devenir ingénieur.*
- When you apply to a British university, you must face an interview to be accepted. — *Quand on postule pour intégrer une université britannique, on doit passer un entretien pour être accepté.*
- Being a plodder he managed to get top marks in chemistry. — *Étant bûcheur, il a réussi à avoir la note maximum en chimie.*

Niveau 7 / 7

un concours	a competition exam	*rare dans les pays anglo-saxons*
une école d'ingénieurs	an engineering college	
une école de commerce	a business school	*ou* college
une faculté de médecine	a medical school	
la discrimination positive	affirmative action	
recevoir une bourse (d'état)	to get a student grant	
l'économie	economics	*sing. indén.*
faire du droit	to read the law	to study *est possible, bien sûr*
les lettres	arts	*ne pas confondre avec* art : *l'art, l'éducation artistique*
la gestion	management	
une licence	a BA (Bachelor of Arts); a BSc (Bachelor of Science)	
une maîtrise	an MA; an MSc	a Master's Degree
une thèse	a thesis	*plur.* theses
un doctorat	a PhD	*on peut auusi dire :* a Doctor's Degree, a doctorate
obtenir une mention	to get a first(-class degree)	
un conférencier, un maître de conférence	a lecturer	to lecture : *donner un cours, une conférence*
un professeur (d'université)	a professor	*titulaire d'une chaire*
la formation continue	further training	
un diplômé de l'université	a graduate	to graduate : *obtenir son diplôme de fin d'études*
un chercheur	a researcher	
la recherche fondamentale	pure research	*la recherche appliquée :* applied research
une théorie	a theory	*adj. :* theoretical
publier	to publish	*un éditeur :* a publisher

Quelques exemples

7

- Should all students get state grants to study as long as they want?
  Tous les étudiants devraient-ils bénéficier d'une bourse d'état afin de poursuivre leurs études aussi longtemps qu'ils le veulent ?
- Private firms are more likely to fund colleges involved in applied than pure research.
  Les entreprises privées sont davantage susceptibles de financer les facultés se consacrant à la recherche appliquée qu'à la recherche fondamentale.
- Affirmative action, implying quotas for racial minorities, has now been abandoned by American universities.
  La discrimination positive, impliquant des quotas au bénéfice de minorités raciales, est maintenant abandonnée par les universités américaines.
- The high standards of some American colleges is largely due to the presence of foreign researchers.
  Le haut niveau de certaines facultés américaines est en grande partie dû à la présence de chercheurs étrangers.

10. Action

Niveau 1 / 7

agir	to act	*l'action :* action ; *un acte :* an act
commencer	to start	*+ inf* **ou** *+* -ing
ou :	to begin	I began, begun ; *+ inf.* **ou** *+* -ing
cesser, arrêter	to stop	*+ nom ou +* -ing
s'arrêter de faire qqch.	to stop **doing** smthg	
s'arrêter pour faire qqch.	to stop **to do** smthg	*att. ne pas confondre avec la construction précédente*
décider qqch.	to decide **on** smthg	
décider de faire qqch.	to decide **to** do smthg	
proposer, suggérer	to suggest	*+ nom ou +* -ing
proposer, offrir	to offer	*+ nom ou +* ***inf.***
offrir, donner (cadeau)	to give to present **with**	I gave, given
inventer	to invent	
découvrir	to discover	
arriver, se passer	to happen, to occur	
arriver (lieu)	to arrive	
avoir lieu	to take place	to take, I took, taken
aller, se déplacer	to go	*choisir le verbe selon le contexte ;* to go, I went, gone ; to drive, I drove, driven ; to ride, I rode, ridden ; to fly, I flew, flown
(à pied, en voiture, à cheval, en avion)	to walk, to drive, to ride, to fly	

Niveau 2 / 7

le succès	success	
avoir du succès	to succeed	
parvenir à faire qqch.	to succeed **in doing** smthg	*att. gérondif (*-ing*)*
ou :	to manage **to do** smthg	*att. inf.*
se préparer (à)	to get ready (to)	*+ inf.*
envisager de faire qqch.	to contemplate / to consider **doing** smthg	*att. gérondif*
un but, un objectif	an aim	
viser à	to aim **at**	*+ nom ou +* -ing
le changement	change	
échanger	to exchange, to swap	
changer, ***se*** *transformer*	to change	*en :* into
changer ***de*** *train*	to change trains	*att. trans. direct et plur.*

permettre, autoriser	to permit	*+ inf. complet (avec* to*)*
ou :	to allow	*+ inf. complet*
laisser, autoriser	to let	I let, let : *+ inf. sans* to
demander (le prix, le nom, le chemin, l'heure etc.) à qqn	to ask someone (the price, his name, the way, the time)	
demander qqch. (objet) à qqn	to ask s.o. **for** smthg	She asked **for** a cup of tea.
demander à qqn de faire qqch.	to ask s.o. **to do** smthg	
dire à qqn de faire qqch.	to tell s.o. **to do** smthg	*visée = inf.*
atteindre ; joindre (au téléphone)	to reach	*visée = inf.*
porter	to carry	

Niveau 3 / 7

***em**porter qqch., **em**mener qqn*	to take	I took, taken
***a**pporter qqch., **a**mener qqn*	to bring	I brought, brought
faire faire qqch. à qqn (contraindre qqn à faire qqch.)	to make s.o. **do** smthg	*att. inf. sans* to
faire faire qqch. à qqn (obtenir de qqn qu'il fasse qqch.)	to have s.o. **do** smthg	*att. inf. sans* to
ou :	to get s.o. **to do** smthg	*att. inf. complet*
ordonner à qqn de faire qqch.	to order s.o. **to do** smthg	*att. inf. complet*
gagner	to win	I won, won ; *le vainqueur :* the winner
vaincre qqn / qqch.	to beat	I beat, beaten
perdre	to lose	I lost, lost ; *le perdant :* the loser
obtenir la permission	to get permission	*+ inf. complet ; att. pas d'article*
avoir qqch. pour conséquence	to entail smthg	
le progrès	progress	*att. sing. indén.*
faire des progrès	to make progress	*att. pas d'article*
continuer (à faire qqch.)	to go on, to carry on (**doing** smthg)	
ou :	to keep **doing** smthg	
une occasion (qui se présente)	an opportunity	*att.* occasion *= occurrence, occasion, événement,*

saisir une occasion	to seize an opportunity	
une proposition	a proposal	to propose : *1-proposer, 2-demander en mariage*
réussir qqch.	to achieve smthg	
créer qqch.	to create smthg	
résulter (de)	to result (from)	
avoir qqch. pour résultat	to result **in** smthg	

Quelques exemples

1

- This was bound to happen. — *C'est ce qui devait arriver.*
- At last they have decided to act! — *Ils ont enfin décidé de passer à l'acte !*
- I suggest presenting him with a scooter. — *Je propose de lui offrir un scooter.*
- I wish he would walk to work instead of driving. — *J'aimerais qu'il aille travailler à pied plutôt qu'en voiture.*
- He often stopped smoking but always started again. — *Il a souvent arrêté de fumer, mais il a toujours recommencé.*

2

- She asked me to carry her luggage. — *Elle m'a demandé de porter ses bagages.*
- We had to change trains three times. — *Nous avons dû changer trois fois de train.*
- They consider emigrating to Canada. — *Ils envisagent d'émigrer au Canada.*
- I hope they will manage to integrate / succeed in integrating. — *J'espère qu'ils arriveront à s'intégrer.*

3

- They wanted to make me wash the car! — *Ils voulaient me faire laver la voiture !*
- She managed to have him do all the work. — *Elle a réussi à lui faire faire tout le travail.*
- It is sad all our efforts have resulted in failure. — *Il est triste que tous nos efforts aient débouché sur un échec.*
- The military ordered the inhabitants to leave their houses. — *Les militaires ont ordonné aux habitants de quitter leur maison.*

Niveau 4 / 7

un risque	a risk	risky : *aléatoire*
ou :	a hazard	hazardous : *dangereux*
risquer qqch.	to risk smthg	
prendre des risques	to take risks	*courir le risque de :* to run the risk of
risquer de perdre	to risk **losing**	*att. gérondif (-*ing*)*
faire un choix	to **make** a choice	to make, I made, made
prendre une mesure	to take a measure	to take, I took, taken
permettre qqch.	to enable	*au sens de rendre matériellement possible*
permettre à qqn de faire qqch.	to enable s.o. **to do** smthg	*inf. complet*

essayer, s'efforcer de faire qqch.	to try **to do** smthg	*inf. complet*
projeter de faire qqch.	to plan **to do** smthg	*inf. complet*
prévoir un événement	to foresee an event	to foresee, I foresaw, foreseen
prédire un événement	to forecast an event	to forecast, I forecast, forecast
une tâche	a task	
effectuer, accomplir une tâche	to **do** a task	*cf.* to **do** a job ; to **do** some work
faire son devoir	to **do** one's duty	
demander des renseigne-ments à qqn	to ask someone **for** information	*att. à la prép.*
demander un objet à qqn	to ask s.o. **for** an item	*att. à la prép.*
une cause	a cause	*causer :* to cause
faire que qqch. se produise	to cause smthg **to happen**	*att. inf. complet*
faire un effort	to **make** an effort	
faire de son mieux	to do one's best	*att. bien conjuguer :* I do **my** best, etc.
avoir du mal à faire qqch.	to find **it** hard (difficult) to do smthg	*att.*

Niveau 5 / 7

oser faire qqch.	to dare to do smthg	
Il n'ose pas demander.	He does not dare to ask.	
ou :	He dare not ask	dare *peut fonctionner comme un auxiliaire modal, notamment aux formes interrogative et négative*
être gêné	to be embarrassed	*la gêne :* embarrassment
fatigué	tired	*fatigant :* tiring ; *la fatigue :* tiredness
épuisé	exhausted	*épuisant :* exhausting ; *l'épuisement :* exhaustion
contribuer à	to contribute **to**	*+ nom ou +* -ing
prendre une décision	to take / to make a decision	*un décideur :* a decision-maker
se décider (à faire qqch.)	to make up one's mind (**to do** smthg)	
être résolu (à faire qqch.)	to be determined (to do smthg)	
par tous les moyens, coûte que coûte	at all costs	*un moyen :* a means ; *mais att. :* by all means = *mais certainement !*

être prêt	to be ready	for + *nom* to + *inf.*
être prêt	to be prepared	*psychologiquement ; mêmes constructions*
la fin, le but, l'intérêt	the purpose	
finir par faire qqch.	to end up **doing** smthg	*att. gérondif*
faire faire qqch.	to have smthg **done**	*l'agent de l'action n'est pas mentionné ou est introduit par* by
ou :	to get smthg **done**	*même remarque*
empêcher, prévenir ***qqch.***	to prevent smthg	*cf.* an event, a catastrophe
empêcher qqn de faire qqch.	to prevent s.o. **from doing** smthg	
veiller à ce que…	to see to it that…	

Niveau 6 / 7

avoir besoin de	to need	*+ nom ou + inf. ; besoin matériel*
la voiture a besoin d'être lavée	the car needs washing	+ -ing *; sens passif*
il n'a pas besoin (ce n'est pas la peine) de venir	he need not come	*aux formes interrogative et négative, se comporte comme un auxiliaire modal*
aider qqn	to help s.o.	*donner un coup de main à qqn :* to give someone a hand
aider qqn à faire qqch.	to help s.o. (to) do smthg	*inf. avec ou sans* to
provoquer qqch.	to cause	
provoquer, inciter	to provoke	
déclencher qqch. (réaction, conflit)	to trigger	*trigger* = la détente d'une arme à feu
entraîner (problèmes, conséquences, etc.)	to entail	
dissuader (de)	to deter (**from**)	*+ nom ou +* -ing
mener à bien, exécuter	to carry out	
faire de la recherche (sciences)	to carry out research	
suivre	to follow	
il s'ensuit que	it follows that	
confier une mission à qqn	to entrust s.o. **with** a mission	*cf.* to trust s.o. : *avoir confiance en qqn*
être influent	to be influential, to have influence	
avoir le bras long	to have clout	
s'engager	to get involved	involvement : *l'engagement*

être engagé, impliqué	to be involved	
être impliqué, compromis	to be implicated	*cf. crime, méfait*
s'adonner à (sport, boisson etc.)	to take to	*+ nom ou +* -ing
j'en ai fini avec…	I am done with…	*att.* done *est ici employé comme adj.*

Niveau 7 / 7

mettre en mouvement	to set in motion	to set, I set, set
renoncer à	to give up	*att. trans. direct ;* *+ nom ou +* -ing
maîtriser, dominer qqch	to master	
l'accomplissement de soi	self-fulfilment	
inciter, amener qqn à faire qqch.	to incite, to induce s.o. **to do** smthg	*inf. complet : notion de visée*
pousser, exhorter qqn à faire qqch.	to urge s.o. **to do** smthg	*idem*
persuader qqn de faire qqch.	to talk s.o. **into doing** smthg	*par la parole*
dissuader qqn de faire qqch.	to talk s.o. **out of doing** smthg	
se lancer, s'engager dans	to launch **into**	*att. pas de pronom réfléchi*
aspirer à qqch.	to long for smthg	to long to do smthg
se résoudre à faire qqch.	to resolve **to do** smthg	
se révéler être	to prove, to turn out **to be**	
(s')appliquer	to apply	
être équipé de	to be equipped **with**	*att.* equipment *toujours sing.*
laisser tomber	to drop	
ramasser	to pick up	
prendre le dessus	to have the upper hand	
bouleverser	to upset	I upset, upset
retarder	to delay	without delay : *sans retard*
annuler	to cancel	*annulation :* cancellation
Il ne peut s'en empêcher.	He can't help it.	
On ne peut rien y changer.	It can't be helped.	*sous-entendu :* C'est une fatalité / C'est comme ça, hélas.

Quelques exemples

4

• As usual he asked me for a cigarette.	*Comme d'habitude, il m'a demandé une cigarette.*
• Economists find it hard to forecast future events.	*Les économistes ont du mal à prédire les événements à venir.*
• I'll do my best to do this task as promised.	*Je ferai de mon mieux pour accomplir cette tâche, comme promis.*
• If you do not make any effort you risk losing your scholarship.	*Si tu ne fais aucun effort, tu risques de perdre ta bourse d'études.*

5

• I was so embarrassed that I did not dare to say anything.	*J'étais si gêné que je n'ai osé rien dire.*
• His research contributed to making Science progress.	*Ses recherches ont contribué à faire avancer la science.*
• They contemplate having a house built.	*Ils envisagent de se faire construire une maison.*
• The demonstrators were determined to prevent the train from leaving the station.	*Les manifestants étaient résolus à empêcher le train de quitter la gare.*
• The Americans do not seem to have made up their minds to do anything to save the planet.	*Les Américains ne semblent pas encore s'être résolus à faire quoi que ce soit pour sauver la planète.*

6

• Nobody needs to earn as much money as our new C.E.O.	*Personne n'a besoin de gagner autant d'argent que notre nouveau PDG.*
• You need not provoke him: he is quarrelsome enough as it is.	*Ce n'est pas la peine de le provoquer, il est assez querelleur comme ça.*
• Your car needs repairing: it might cause an accident.	*Ta voiture a besoin d'être réparée : elle pourrait provoquer un accident.*
• Theoretically the nuclear bomb is supposed to deter hostile forces from attacking you.	*Théoriquement, la bombe atomique est censée dissuader des puissances hostiles de vous attaquer.*

7

• They urged him to take a quick decision.	*Ils l'ont exhorté à prendre rapidement une décision.*
• I wish you would not launch into this business without thinking.	*J'aimerais que tu ne te lances pas dans cette affaire sans réfléchir.*
• I cannot help thinking that we could have done better.	*Je ne puis m'empêcher de penser que nous aurions pu faire mieux.*
• She had been longing to go for some time and was very upset when the trip was cancelled.	*Il y avait un certain temps qu'elle aspirait à partir et elle fut très affectée quand le voyage fut annulé.*
• The salesman tried to talk him into buying the luxury model, but his wife soon talked him out of it.	*Le vendeur a essayé de le convaincre d'acheter le modèle de luxe, mais sa femme eut vite fait de l'en dissuader.*

11 A. Expressing One's Opinion

chapitre divisé en A (5 niveaux) et B (5 niveaux)

Niveau 1 / 5

une opinion, un avis	an opinion	
à mon avis	in my opinion	
ou :	**in** my view	
ou :	**to** my mind	*att. à la préposition*
je suis d'avis que	my opinion is that	
un point de vue	a point of view, a viewpoint	
changer d'avis	to change one's mind	*att. à bien conjuguer* (my, your, his, etc. mind)
un conseil	a piece of advice	*att.* advice = *sing. indén. et signifie* ***des conseils***
penser (à / de)	to think (of / about)	I thought, thought ; I think that : *je pense que*
une idée	an idea	
je n'en ai aucune idée	I have no idea	
je n'en ai pas la moindre idée	I haven't the slightest idea	slight : *mince, léger*
s'intéresser à	to be interested **in**	*intéressant :* interesting
certainement, probablement	probably	*probabilité*
certainement, c'est certain	certainly	*certitude absolue*
remarquer (un détail etc.)	to notice	*perception sensorielle*
remarquer (un fait, une idée)	to note	*perception intellectuelle*
remarquer, faire observer	to remark	*dire ou écrire*
se disputer, se quereller	to quarrel	*une dispute :* a quarrel, a dispute
accuser de	to accuse **of**	*+ nom ou +* -ing
une critique	a criticism	criticism : *peut s'employer comme sing. indén. (= des critiques)*
un critique (littéraire etc.)	a critic	*quand il s'agit d'une personne*
contester (une idée, un droit)	to challenge	a challenge : *un défi*
ou :	to dispute	

Niveau 2 / 5

discuter de qqch.	to discuss smthg	*att. trans. direct*
porter sur, traiter de	to deal **with**	I dealt, dealt
ou :	to bear **on**	I bore, borne
d'après l'auteur	according to the author	according to *ne s'emploie pas à la 1re personne*
une vue (façon de voir)	an outlook	
sa conception de la vie	his outlook **on** life	
réfléchir à qqch.	to think smthg **over**	*réflexion plus longue que pour* think **about**
ou :	to ponder **over** smthg	
affirmer (que)	to state (that)	*une affirmation :* a statement
l'affirmation selon laquelle	the statement that	
un simple énoncé de faits	a mere statement of facts	
un argument	a point, an argument	*att.* argument *peut aussi signifier « querelle »*
débattre d'une question	to debate a question	*att. trans. direct*
accepter	to accept	*irrecevable :* unacceptable
confirmer	to confirm	*non confirmé* : unconfirmed
refuser	to refuse	*un refus :* a refusal
rejeter	to reject	
rejeter un argument	to dismiss a point	
prouver ses dires	to prove one's point	
précis	precise, accurate	*précisément :* precisely ; *avec précision :* accurately
tout à fait	quite	
indéniablement, indubitablement	undoubtedly	

Niveau 3 / 5

critiquer	to criticize	
ou :	to level criticism **at**	
prétendre, revendiquer	to claim	a claim : *une revendication, affirmation, demande*
une erreur	a mistake, an error	
se tromper	to **make** a mistake	
être dans l'erreur	to be mistaken	to mistake, I mistook, mistaken
avoir tort	to be wrong	
En ce qui me concerne, je pense…	As for me, I think…	
ou :	I, for one, think…	

assurer	to assure	*Je vous assure...* = I assure you... ; *att. assurer une voiture* = to **in**sure a car
tolérer	to tolerate	*être tolérant :* to be tolerant
justifier	to justify	*injustifié :* unjustified
conclure	to conclude	*une conclusion :* a conclusion
prendre parti pour	to side **with**	
ne pas prendre parti	to be non-committal	*cf.* to commit oneself : *s'engager*
au premier plan	in the foreground	
au deuxième plan	in the background	
l'actualité	the news	*att. malgré les apparences,* news *est un* ***sing. indén.***
un thème, un sujet (de conversation)	a topic	
une question d'actualité	a topical issue	
un sondage d'opinion	an opinion poll	
demander conseil à qqn	to seek someone's advi**c**e	to seek, I sought, sought *(rechercher)*
conseiller	to advi**s**e	*att. le nom et le verbe ont des orthographes différentes*
conseiller à qqn de faire qqch.	to advise s.o. **to do** smthg	*notion de visée : inf. complet*

Quelques exemples

1

• In my view only fools never change their minds.	*À mon avis, seuls les imbéciles ne changent jamais d'opinion.*
• Few Germans dared to challenge Hitler's absurd ideas.	*Peu d'Allemands osèrent contester les idées absurdes d'Hitler.*
• Listen, I'm going to give you an interesting piece of advice...	*Écoute, je vais te donner un conseil intéressant...*
• Computers are not the sort of subject I am interested in.	*L'informatique n'est pas le genre de sujet qui m'intéresse.*

2

• This excerpt (extract) deals with the energy crisis.	*Cet extrait porte sur la crise de l'énergie.*
• The recording bears on genetic engineering.	*Cet enregistrement traite du génie génétique.*
• His statement has been widely discussed.	*Sa déclaration a fait l'objet de larges discussions.*
• Here is a point which deserves thinking over.	*Ceci est un argument qui mérite mûre réflexion.*

3

- Literary circles levelled sharp criticism at the author — *Les milieux littéraires ont sévèrement critiqué l'auteur.*
- He advised his students to keep in touch with the news — *Il a conseillé à ses étudiants de rester au fait de l'actualité.*
- If I am not mistaken, he has remained non-committal in this debate. — *Il n'a, si je ne m'abuse, pas pris parti à propos de cette question.*
- The minister should seek authorized advice on this topical issue. — *Le ministre devrait demander un avis autorisé sur cette question d'actualité.*

Niveau 4 / 5

peser le pour et le contre	to weigh the pros and cons	*att. ne pas confondre le verbe* to weigh *(peser) et le nom* weigh**t** *(le poids)*
défendre une opinion	to uphold an opinion	to uphold, I upheld, upheld
faire valoir un argument	to make a point	to make, I made, made
argumenter, arguer	to argue	an argument : *1-un argument, 2-une dispute*
préconiser	to advocate	*+ nom ou +* -ing
insister sur, accentuer, souligner	to insist **on**	*+ nom ou +* -ing
ou :	to lay the emphasis on; to lay the stress on	to lay, I laid, laid *(poser), verbe transitif*
partir du principe que	to work on the principle that	*on peut aussi utiliser* assumption
expliquer qqch. à qqn	to explain smthg **to** s.o.	*att. à la construction*
expliquer, représenter	to account **for**	
arriver à une conclusion	to come **to** / to reach a conclusion	
on peut supposer que	one may suppose / surmise that	
se rendre compte	to realize	
s'opposer à	to oppose	*att. trans. direct*
à l'inverse, vice versa	conversely	
incarner	to embody	*l'incarnation de :* the embodiment of
avouer, reconnaître	to admit	*reconnaître avoir dit :* to admit **to saying**
accepter, admettre qqch.	to accept	
inadmissible (chose)	unacceptable	
brûlant	burning	*pour une question, un sujet*
aigu, perspicace	acute	*pour un esprit*

Niveau 5 / 5

une thèse	a thesis	*pl.* theses
faire une thèse	to write a thesis	to write, I wrote, written
aborder, s'attaquer à	to tackle	
se faire comprendre	to make oneself **understood**	to understand, I understood, understood ; *att. au participe passé : le pronom réfléchi est sujet* ***passif***
ne pas perdre de vue qqch.	to bear in mind	to bear, I bore, borne *(porter)*
il va de soi, il va sans dire que	it goes without saying that	*att. la préposition* without *doit être suivie d'un nom ou d'un gérondif (*-ing*)*
persuader qqn de	to persuade s.o. **to**	*notion de visée, inf. complet*
entendre raison	to admit the truth	
soutenir, abonder dans le sens de	to support	
le bon sens	common sense	
un lieu commun, une lapalissade	a hackneyed statement	
avoir des préjugés	to be prejudiced	*un préjugé :* a prejudice
avoir des doutes	to have doubts, to harbour doubts	to harbour : *abriter ;* a harbour : *un port, un havre ;*
réfuter	to refute, to disprove	*un argument, une théorie*
contestable :	questionable, debatable	
incontestable(ment)	undoubtedly	
un point de discorde	a moot point	
controversé	controversial	*une controverse :* a controversy

Quelques exemples

4 (A)

- How do you account for his brutal reaction? — *Comment expliquez-vous sa réaction brutale ?*
- Can you explain to me why he advocated such unacceptable solutions? — *Pouvez-vous m'expliquer pourquoi il a préconisé des solutions aussi inacceptables ?*
- For years Mrs Thatcher embodied British conservatism. — *Durant des années Mme Thatcher incarna le conservatisme britannique.*
- He insisted on acting at once.without weighing the pros and cons. — *Il insista pour agir immédiatement sans peser le pour et le contre.*

5 (A)

- This thesis aims at disproving some hackneyed statements. — *Cette thèse vise à réfuter certains lieux communs.*
- They are so prejudiced they find it hard to admit the truth. — *Ils ont tellement de préjugés qu'ils ont du mal à admettre la vérité.*

- Being ahead of his time he had difficulty in making himself understood. — *En avance sur son temps, il avait des difficultés à se faire comprendre.*
- One must bear in mind that the moot point remains the northern border. — *Il ne faut pas perdre de vue que la pierre d'achoppement reste la frontière nord.*

11 B. Expressing One's Opinion

Niveau 1 / 5

un entretien, une interview	an interview	to **have** an interview : *passer un entretien*
s'étonner, s'émerveiller de qqch.	to wonder **at** smthg	
je me demande si	I wonder **whether** (**if**)	whether = if *uniquement dans les interrogations indirectes*
admirer	to admire	
un sentiment	a feeling	to feel, I felt, felt : *sentir, ressentir*
donner, faire passer une impression	to convey an impression	
se plaindre de	to complain **about**	
une théorie	a theory	
théorique	theoretical	*théoriquement :* theoretically
venir à l'idée / à l'esprit	to come to one's mind	to come, I came, come
cela (il) m'est venu à l'idée (que)	it came to my mind (that)	
ou :	it occurred to me (that)	to occur : *arriver, se produire*
une proposition	a proposal	*proposer :* to propose
un compromis	a compromise	
intransigeant	uncompromising	to compromise : *transiger, compromettre*
têtu, entêté	stubborn	
à peu près	approximately, roughly	
plutôt	rather	
absolument	absolutely	
précisément, exactement	definitely	
peut-être	maybe	
de manière assez paradoxale	paradoxically enough	

Niveau 2 / 5

être d'accord (avec qqn)	to agree (with s.o.)	*un accord :* an agreement
être en désaccord avec	to disagree with	*un désaccord :* a disagreement
nous sommes d'accord sur ce point	we agree on this point	
approuver qqch.	to approve **of** smthg	*att. à la construction ; toutefois* to approve *est transitif au sens de « ratifier »*
rencontrer l'approbation de qqn	to meet someone's approval	
convaincre	to convince	
préférer qqch. à autre chose	to prefer smthg **to** smthg else	*les compléments peuvent être des gérondifs (*-ing*)*
je préfère faire	I would rather do (I'd rather do)	*att. inf. sans to : un seul sujet*
je préfèrerais qu'il vienne	I'd rather he **came**	*prét. modal : 2 sujets différents*
prendre en considération	to take **into** consideration	
considérer comme	to consider	*ne pas employer* as, *ni, bien sûr,* like : *ex.* I consider him a genius
ou :	to regard **as**	
mettre en valeur	to enhance	
confirmer	to confirm	
inclure	to include	
exclure	to exclude	
douter de qqch. / ***que***	to doubt smthg	*att. trans. direct*
semer le doute sur qqch.	to cast a doubt **on**	
mettre en question / en doute	to question	
soulever une question	to raise a question	
évidemment	obviously	*évident :* obvious
bien sûr	of course	
Je suis persuadé (convaincu) que	I am convinced (that)	

Niveau 3 / 5

reprocher qqch. à qqn	to reproach s.o. **with** smthg	*+ nom ou +* -ing
soutenir, alléguer	to allege	
apparemment	apparently	
ce pourrait être le cas	it **might** be the case	*éventualité faible*
il se peut que vous ayez raison (mais)	you **may** be right (but)	*éventualité acceptée*
on devrait toujours garder à l'esprit que	one **should** always bear in mind that	*conseil*

cela (il) est vraisemblable (que cela se produise)	this is likely (to happen)	*assez forte probabilité ; peu vraisemblable :* unlikely
cela doit être vrai	it **must** be true	*probabilité ; à la forme négative =* it **cannot** be true *(cela ne doit pas être vrai)*
nier	to deny	
il est indéniable que	there is no denying that	
être sûr (de qqch.)	to be sure / certain (of smthg)	
être absolument sûr (de qqch.)	to be positive (about smthg)	
avoir conscience de	to be conscious **of**	*la conscience :* consciousness
ou :	to be aware **of**	awareness
prendre conscience de	to become aware / conscious of	to become, I became, become
se rendre compte	to realize	
pour le moins	to say the least	

Quelques exemples

1 (B)

• He is very stubborn, the idea of a compromise never occurred to him.	*Il est très têtu, l'idée d'un compromis ne lui est jamais venue à l'esprit.*
• I wonder at his being so uncompromising.	*Je m'étonne qu'il se montre si intransigeant.*
• This is definitely not the feeling the author wanted to convey.	*Ce n'est précisément pas le sentiment que l'auteur voulait faire passer.*
• Paradoxically enough nobody seems to complain about the new regulations.	*Paradoxalement personne ne semble se plaindre de la nouvelle réglementation.*

2

• I thought we all agreed on this point.	*Je pensais que nous étions tous d'accord sur ce point.*
• I much prefer a friendly meal to having a drink in a noisy pub.	*J'aime beaucoup mieux un repas entre amis que prendre un verre dans un pub bruyant.*
• I'd rather you raised the question later.	*Je préfèrerais que tu soulèves le problème plus tard.*
• Obviously his mother never approved of his various girlfriends.	*Il est évident que sa mère a toujours vu ses petites amies d'un mauvais œil.*

3

• You must be joking! / You can't be serious!	*Tu plaisantes ! (Ce n'est pas possible autrement)*
• I'm afraid your claim is unlikely to be taken into consideration.	*Je crains que ta demande ait peu de chances d'être prise en considération.*
• They are so inexperienced, they might not have been aware of the danger.	*Ils sont si inexpérimentés, il se pourrait qu'ils n'aient pas été conscients du danger.*
• I think we should consider this new incident (to be) very serious.	*Je pense que nous devrions considérer ce nouvel incident comme très grave.*

Niveau 4 / 5

s'attaquer à, affronter	to tackle	
s'opposer à qqch.	to oppose smthg	*trans. direct*
résister à qqch. / qqn	to resist smthg / s.o.	*trans. direct*
pressentir, prévoir	to foresee	*I foresaw, foreseen*
être inflexible, catégorique	to be adamant	
une déclaration péremptoire, définitive	a sweeping statement	to sweep, I swept, swept *(balayer)*
une déclaration nuancée	a qualified statement	
avoir des sentiments partagés	to have mixed feelings	*notion de doute*
légitime	legitimate	
fondé	well-founded, well-grounded	*pour des arguments*
ridicule	ludicrous, ridiculous	
fallacieux	fallacious	
scandaleux	outrageous	
louer, glorifier	to praise	
porter aux nues	to extol the virtues of	
impressionner	to impress	*impressionnant :* impressive
la rumeur pretend que	rumour has it that	
interpréter	to interpret	
une tendance	a trend	
avoir tendance à	to tend to	*+ inf.*
avoir confiance (en)	to be confident (in)	*la confiance :* confidence
Trust me.	Croyez-moi.	to trust : *avoir confiance en*

Niveau 5 / 5

matière à réfléchir	food for thought	
présumer, supposer	to assume	an assumption : *un postulat*
considérer comme acquis (certain)	to take for granted	
tirer une conclusion	to draw a conclusion	to draw, I drew, drawn
tirer des conclusions hâtives	to jump **to** conclusions	*att. à la prép.*
détester	to loathe	
être réservé, avoir des réserves	to have reservations	
se méfier de	to be wary **of**	
Je soupçonne que	I suspect (that)	
une hypothèse peu vraisemblable	an improbable assumption	hypothesis *est possible*
le nœud du problème	the crux of the matter	

C'est une question de goût.	It is a matter of taste.	
je n'aurais jamais imaginé...	I would never have imagined...	
ou :	Never would I have imagined...	*adverbe négatif en tête de proposition : inversion de type interrogatif*
On est en droit de s'interroger / s'étonner.	One cannot help wondering.	
ou :	One cannot but wonder.	
être sur la même longueur d'onde	to be on the same wavelength	
ne vous méprenez pas sur mes propos	don't let me be misunderstood	to misunderstand, I misunderstood, misunderstood : *mal comprendre*

Quelques exemples

4

- Here is an issue we shall have to tackle sooner or later. — *Ceci est une question qu'il faudra bien prendre à bras le corps tôt ou tard.*
- His qualified statements tend to prove that he has mixed feelings on the subject. — *Ses propos nuancés tendent à prouver qu'il a des sentiments partagés sur le sujet.*
- Once again our doubts have proved well-grounded. — *Une fois encore nos doutes se sont révélés fondés.*
- One should avoid any sweeping statements on such a burning issue. — *On devrait éviter toute déclaration définitive sur une question aussi brûlante.*

5

- I would like to express my reservations on this subject. — *J'aimerais exprimer mes réserves à ce sujet.*
- When one sees what has happened in Ireland, one cannot help wondering. — *Quand on voit ce qui s'est passé en Irlande, on est en droit de se poser des questions.*
- We had better not take those people's loyalty for granted. — *Nous ferions mieux de ne pas considérer la loyauté de ces gens-là comme acquise.*
- I would never have thought that he would jump to such conclusions. — *Jamais je n'aurais pensé qu'il tirerait des conclusions aussi hâtives.*

12. Politics

Niveau 1 / 6

la politique	politics	*att. sing. indén.*
faire de la politique	to dabble in politics	*mot à mot : « tremper dans… »*
un homme politique	a politician	
un système politique	a political system	
la démocratie	democracy	*att. à l'ortho.*
démocratique(ment)	democratic(ally)	*un démocrate :* a democrat
un parti politique	a political party	
le gouvernement	the government (GB)	*att. à l'ortho.*
ou :	the Administration (US)	*gouverner :* to govern
le Parlement	Parliament (GB)	
ou :	Congress (US)	*cf. le Congrès*
la Chambre des lords	the House of Lords (GB)	
le Sénat	the Senate (US)	
la Chambre des communes	the (House of) Commons (GB)	
la Chambre des représentants	the House of Representatives (US)	
un projet de loi	a bill	*une loi :* a law
l'état	the state	
l'interventionnisme étatique	state intervention	
la nation, le pays	the nation	*adj.* national
un pays	a country	*entité administrative*
une frontière	a border	*un conflit frontalier :* a border conflict
la patrie	the fatherland	land = *terre*
nationaliste (adj.)	nationalistic	*substantif :* a nationalist
chauvin	chauvinistic	*subst.* a chauvinist
une république	a republic	
un royaume	a kingdom	*la monarchie :* monarchy
un peuple	a people	2 peoples ; *n.p.c. avec* people *(plur. inv.) = les gens*
la liberté	freedom	*être libre :* to be free

Niveau 2 / 6

un citoyen	a citizen	*la citoyenneté :* citizenship
aller voter	to go to the polls	a polling station : *un bureau de vote*
voter (pour)	to vote (for)	*un tour (de scrutin) :* a round
ou :	to cast one's ballot (for)	a ballot : *un bulletin ;* to cast, I cast, cast *(jeter)*

des élections législatives	a general election	*plur. uniquement s'il y a plusieurs scrutins*
le droit de vote	the right **to** vote	
ou :	franchise (US)	
un électeur	a voter	
élire	to elect	*att.* an elector = *un grand électeur*
un bureau de vote	a polling station	
le pouvoir	power	
puissant	powerful	powerless : *sans pouvoir*
régir, régner sur	to rule (over)	*peut se construire trans. direct*
arriver au pouvoir	to come to power	
succéder à	to take over from	
ou :	to succeed	*trans. direct*
renverser (un régime)	to topple / to overthrow (a regime)	to overthrow, I overthrew, overthrown
un(e) candidat(e)	a candidate	
se présenter aux élections	to stand at an election	
une politique	a policy	*n.p.c. avec* politics *(la politique au sens général)*
la majorité	the majority party	*cf. groupe à l'assemblée*
être en minorité	to be in **a** minority	*att. à l'article*
le cabinet fantôme	the shadow cabinet (GB)	

Niveau 3 / 6

un adversaire (politique)	a (political) opponent	
l'opposition (parlementaire)	the (parliamentary) opposition	
dépendant de	dependent **on**	*att. à l'ortho.*
indépendant (de)	independent (of)	*dépendre de :* to depend **on**
un régime autoritaire	an authoritarian regime	
un député	an MP (GB)	= Member of Parliament
ou :	a Congressman (US)	
conservateur (adj.)	conserva**tive**	*att. au suffixe*
le Party Conservateur	the Conservative Party (GB)	*familièrement : the Tories*
le Party Travailliste	the Labour Party (GB)	
libéral	liberal	*le libéralisme :* liberalism
les Libéraux Démocrates	the Liberal Democrats (GB)	
les Républicains	the Republicans (US)	
les Démocrates	the Democrats (US)	
un système bipartite	a two-party system	

les Verts	the Greens	the Green party
le communisme	communism	*un communist :* a communist
le socialisme	socialism	*un socialiste :* a socialist
un député de droite / gauche	a right-wing / left-wing MP	wing = *aile*
un politicien d'extrême droite	an extreme-right-wing politician	
radical, extrémiste	radical	
une campagne électorale	an electoral campaign	*att. à l'ortho.*
faire campagne, solliciter des suffrages	to canvass for votes	

Quelques exemples

1

- Fewer and fewer people seem to be interested in politics. — *De moins en moins de gens semblent s'intéresser à la politique.*
- Democracy is not the best political system, it is the least bad. — *La démocratie n'est pas le meilleur système politique, elle est le moins mauvais.*
- It is interesting to note that eight European democracies are monarchies. — *Il est intéressant de noter que huit démocracies européennes sont des monarchies.*
- A bill becomes a law only when it has been approved by both houses. — *Un projet ne devient loi que quand il a été approuvé par les deux chambres.*

2

- Power tends to corrupt, and absolute power corrupts absolutely. (Lord Acton) — *Le pouvoir a tendance à corrompre ; le pouvoir absolu corrompt absolument.*
- New Zealand was the first country to give women franchise. — *La Nouvelle-Zélande fut le premier pays à donner le droit de vote aux femmes.*
- In 1649 Cromwell overthrew the English monarchy and established a republic. — *En 1679, Cromwell renversa la monarchie et instaura une république.*
- Contrary to France British general elections comprise only one round. — *Contrairement à ce qui se passe en France, les élections législatives britanniques ne comprennent qu'un tour.*

3

- The cost of electoral campaigns favors the two-party system in the US. — *Le coût des campagnes électorales favorise le système bi-partite aux USA.*
- No experienced politician finds it hard to canvass for votes. — *Nul politicien expérimenté n'a de mal à solliciter des suffrages.*
- Labour might depend on the Liberal Democrats to secure a majority. — *Les travaillistes pourraient dépendre des Libéraux Démocrates pour s'assurer une majorité.*
- The extreme-right-wing régime in Chili massacred thousands of opponents. — *Le régime chilien d'extrême-droite massacra des milliers d'opposants.*

Niveau 4 / 6

une circonscription	a constituency	a constituent : *un électeur (dans une circonscription)*
un chef d'État	a head of state	
un souverain (roi, reine)	a sovereign (king, queen)	*att. à l'ortho.*
le Premier ministre	the Prime Minister	
un homme d'État	a statesman	
le président Roosevelt	President Roosevelt	*att. titre suivi du nom = pas d'article*
la Reine Victoria	Queen Victoria	*idem*
un gouverneur	a governor	
les relations internationales	international relations	
le ministère des Affaires étrangères	the Foreign Office	*les Affaires étrangères :* Foreign Affairs
le ministre des Affaires étrangères	the Foreign Secretary (GB)	
ou :	the Secretary of State (US)	
le ministère de l'Intérieur	the Home Office	
le ministre de l'Intérieur	the Home Secretary	
le ministère des Finances	the Exchequer	
le ministre des Finances	the Chancellor of the Exchequer	*parfois traduit par « le Chancelier de l'Échiquier »*
mener une politique	to carry out a policy	
imposer des quotas	to enforce quotas	
la discrimination positive	affirmative action	
être engagé politiquement	to be politically committed	
un sondage	an opinion poll	
politiquement correct	politically correct	
(im)partial	(un)biased	a bias : *un préjugé*
une tendance politique	a political trend	
un courant de mécontentement	an undercurrent of discontent	
neutre (politique, attitude)	neutral	

Niveau 5 / 6

un pays sous-developpé	an underdeveloped country	
les pays en voie de développement	developing countries	
le tiers-monde	the Third World	
annuler la dette	to cancel the debt	
l'aide humanitaire	humanitarian aid	*une ONG :* an NGO (Non-Government Organisation)

un réfugié	a refugee	
un camp de réfugiés	a refugee camp	
faire passer qqn illégalement (dans un pays)	to smuggle s.o. (into a country)	*même verbe pour « passer des marchandises en fraude »*
demander l'asile politique	to seek political asylum	to seek, I sought, sought : *rechercher*
un demandeur d'asile	an asylum seeker	
le pays d'accueil	the host country	
un sans-papiers	an undocumented refugee	*les papiers :* documents
accorder l'asile politique	to grant political asylum	
un permis de travail	a work permit	
la double nationalité	dual nationality	
un immigrant clandestin	an illegal immigrant	
la politique intérieure	the domestic policy	
une politique de l'immigration	an immigration policy	
la croissance démographique	population growth	
expulser	to expel	*pret.* expelled *(att. ortho.)*
extrader	to deport	deportation : *extradition*
impitoyable(ment)	ruthless(ly), merciless(ly)	

Niveau 6 / 6

un état souverain	a sovereign state	
une économie de marché	a market economy	
être candidat aux élections présidentielles	to run for president	
prendre le pouvoir	to take over	
une junte	a junta	
s'emparer du pouvoir	to seize power	
la décentralisation (délégation des pouvoirs)	devolution	*cf. parlements écossais et gallois*
la séparation (en deux États), le partage	partition	*cf. notamment les deux Irlande (1921), l'Inde et le Pakistan (1947)*
faire sécession	to secede	*att. la guerre de Sécession =* the Civil War
la désobéissance civique	civil disobedience	
un coup d'État militaire	a military coup	
un personnage controversé	a controversial figure	
(anti)constitutionnel	(anti)constitutional	*att. à l'ortho.*
un démagogue	a demagogue	
une politique sociale	a social policy	
une société à deux vitesses	a two-tier society	a tier = *un étage*

s'attaquer au problème du chômage	to address the issue of unemployment	
une politique monétaire	a monetary policy	
juguler l'inflation	to curb inflation	
les sciences politiques	political science	
l'abstentionnisme croissant	growing abstention	an abstentionist

Quelques exemples

4

- The Chancellor of the Exchequer will have to carry out an unpopular policy. — *Le ministre des Finances devra mener une politique impopulaire.*
- The Secretary of State did not seem interested in the Middle East until the World Trade Center tragedy. — *Le ministre des Affaires étrangères américain ne sembla pas s'intéresser au Moyen-Orient jusqu'à la tragédie du World Trade Center.*
- Opinion polls clearly reveal an undercurrent of discontent. — *Les sondages montrent clairement un courant de mécontentement.*
- Affirmative action in France means minimum quotas of women candidates in all constituencies. — *La discrimination positive en France signifie des quotas minimaux de candidates à toutes les circonscriptions.*

5

- Every day hundreds of refugees are smuggled into European host countries. — *Chaque jour, on fait illégalement entrer des centaines de refugiés dans les pays d'accueil européens.*
- Even economic refugees seek political asylum. — *Même les réfugiés économiques demandent l'asile politique.*
- European states never agreed on a coherent immigration policy. — *Les états européens ne se sont jamais mis d'accord sur une politique cohérente de l'immigration.*
- Developed countries should have cancelled Third-World debt long ago. — *Il y a longtemps que les pays développés auraient dû annuler la dette du tiers-monde.*

6

- Great Britain has sometimes been described as a two-tier society. — *La Grande-Bretagne a parfois été qualifiée de société à deux vitesses.*
- It often proves hard to curb both inflation and unemployment. — *Il s'avère souvent difficile de juguler à la fois le chômage et l'inflation.*
- The central government has resorted to devolution to address the problem of regionalism. — *Le gouvernement central a eu recours à la décentralisation pour s'attaquer à la question des régionalismes.*
- The military junta seized power and imposed a tyrannical regime on Burma. — *La junte militaire s'empara du pouvoir et imposa à la Birmanie un régime tyrannique.*

13. The Law

Niveau 1 / 5

une loi	a law	
légal	legal	
une règle	a rule	to rule : *gouverner, diriger*
une réglementation	(a set of) regulations	
un projet de loi	a bill	
le droit	law	*l'ensemble des lois ; pas d'article ; indén. sing.*
un droit	a right	
interdire	to forbid	I forbade, forbidden
avoir raison	to **be** right	*att. à l'auxiliaire*
avoir tort	to **be** wrong	*idem*
la justice	justice	
l'injustice	injustice	
juste, équitable	fair	
injuste	unfair	
juste (exact, vrai)	true	*la vérité :* the truth
un tribunal, une cour	a court (of justice)	
un procès (cf. tribunal)	a trial	to try : *juger*
un avocat, un homme de loi	a lawyer	*sens général*
ou :	an attorney (US)	
un magistrat	a magistrate	
un juge	a judge	
un avocat plaidant	a barrister (GB)	the bar : *le barreau*
un avocat non plaidant (cf. avoué, notaire)	a solicitor (GB)	

Niveau 2 / 5

le crime, la criminalité	crime	*pas d'article ; sing. indén. dans ce sens*
un crime, un délit	a crime	
un crime, un meurtre	a murder	
une infraction, un délit	an offence	
la délinquence juvénile	juvenile delinquency	
la violence	violence	*pas d'article ; indén. sing.*
un voleur	a thief	*pl.* thieves
voler, dérober	to steal	I stole, stolen ; *vol discret*
voler, dévaliser qqn	to rob s. o.	*le voleur est vu par sa victime*
le vol (discret)	theft	
le vol (à main armée)	(armed) robbery	

un délinquant, un criminel	a criminal	a petty criminal : *un petit délinquant*
un criminel (homicide)	a murderer	
la police	the police	
un policier	a policeman, a police officer	
la prison (lieu)	prison	
ou :	jail, gaol	*att. même prononciation*
aller en prison	to go to jail (prison)	
ou :	to be sent to jail	to send, I sent, sent
mettre qqn en prison	to put / to throw s.o. in prison	to throw, I threw, thrown
un prisonnier	a prisoner, an inmate	
la prison (incarcération)	imprisonment	
ou :	detention	
une peine	a sentence	a suspended sentence : *une peine avec sursis*
punir	to punish	punishment : *la punition, le châtiment*
violent, brutal, méchant	vicious	*att. faux ami*

Niveau 3 / 5

adopter un projet de loi	to pass a bill	
promulguer une loi	to enact a law	
faire respecter la loi	to enforce the law	
être en vigueur (loi, règle)	to be in force	
respecter (la loi)	to abide **by** (the law)	
un citoyen respectueux de la loi	a law-abiding citizen	
commettre un délit	to commit a crime	
commettre une erreur	to make a mistake	
cambrioler (un magasin)	to break **into** (a shop)	to break, I broke, broken
un cambrioleur	a burglar	*cambrioler :* to burgle
un cambriolage	a burglary	
traquer	to track	
filer un suspect	to tail a suspect	
poursuivre en justice	to prosecute	prosecution : *les poursuites*
un enquêteur, un détective	a (police) detective	
une enquête	an inquiry, an investigation	
enquêter (sur)	to investigate	*trans. direct*
ou :	to carry out an inquiry (into)	

fouiller	to search	to search luggage for drugs = *fouiller des bagages à la recherche de drogue*
un mandat d'arrêt	a warrant	
un hors-la-loi	an outlaw	
le vol à l'étalage	shoplifting	*un voleur à l'étalage :* a shoplifter
l'escroquerie	embezzlement	*un escroc :* an embezzler, a crook

Quelques exemples

1

- Theoretically all men are equal in front of the law. — *En théorie, tous les hommes sont égaux devant la loi.*
- Many people said that soft drugs should be made legal. — *Beaucoup de gens disaient que les drogues douces devraient être légalisées.*
- Every criminal is entitled to have a fair trial. — *Tout criminel a droit à un procès équitable.*
- How could a citizen possibly know everything that is forbidden by law? — *Comment un citoyen pourrait-il donc savoir tout ce qui est interdit par la loi ?*

2

- A thief stole the duchess's jewels while she was asleep. — *Un voleur a dérobé les bijoux de la duchesse pendant son sommeil.*
- Dishonest property developers robbed the old couple of their savings. — *Des promoteurs immobiliers malhonnêtes dépouillèrent le vieux couple de ses économies.*
- He has just spent three years in prison for theft. — *Il vient de passer trois ans en prison pour vol.*
- Is it relevant to send petty criminals to jail? — *Est-il pertinent d'incarcérer les petits délinquants ?*

3

- Most stores now prosecute shoplifters. — *Maintenant la plupart des grands magasins poursuivent les voleurs à l'étalage.*
- The burglar broke into the shop in search of cash. — *Le cambrioleur s'introduisit dans la boutique, à la recherche d'argent liquide.*
- Until recently embezzlement was not regarded as a serious crime. — *Jusqu'à une date récente, le détournement de fonds n'était pas considéré comme un délit grave.*
- Many so-called law-abiding citizens are apt to take the law into their own hands. — *Beaucoup de citoyens prétendument respectueux de la loi sont enclins à se faire justice eux-mêmes.*

Niveau 4 / 5

enfreindre à la loi	to break the law	to break, I broke, broken *(briser)*
poursuivre en justice	to sue (in court)	
un procès (procédure)	a suit	
coupable	guilty	*la culpabilité :* guilt
innocent	innocent	*l'innocence :* innocence
le coupable	the culprit	*att. à la distinction entre nom et adj.*
des mesures de sécurité	security measures	*les forces de sécurité :* security forces
arrêter (un délinquant)	to arrest	*arrestation :* arrest
soupçonner qqn de	to suspect s.o. **of**	
accuser qqn de qqch.	to accuse s.o. **of**	*l'accusé :* the accused
inculper qqn de	to charge s.o. **with**	
juger qqn pour	to try s.o. **for**	*un procès (jugement) :* a trial
être convaincu de (déclaré coupable de)	to be convicted **of**	
ou :	to be found guilty **of**	to find, I found, found
condamner qqn à	to sentence s.o. **to**	
la peine de mort	the death penalty	
ou :	capital punishment	
plaider (non) coupable	to plead (not) guilty	
un alibi	an alibi	
des preuves	evidence	*att. sing. indén.*
une preuve	a proof	*plur.* proofs
ou :	a piece of evidence	
la partie civile	prosecution	prosecutor : *procureur*
un juré	a juror	*un jury :* a jury

Niveau 5 / 5

attaquer et maltraiter	to mug	*une agression violente :* a mugging
un agresseur	a mugger	
un hold-up	a stick up	
attaquer, agresser	to assault	
le viol	rape	*violer :* to rape ; *un violeur :* a rapist
prendre qqn sur le fait	to catch s.o. red-handed	
porter plainte	to file / to lodge a complaint	to complain : *se plaindre*
un attentat terroriste	a terrorist attack	
dénoncer	to denounce	

nier	to deny	
un témoin	a witness	to witness : *assister à*
témoigner	to give evidence	
ou :	to bear witness	to bear, I bore, borne *(porter)*
faire un faux témoignage	to commit perjury	*att. sing. indén.*
la fraude fiscale	tax evasion	to evade tax : *frauder (à l'impôt)*
homicide volontaire	intentional manslaughter	
un médecin légiste	a coroner	
ou :	a forensic expert / surgeon	a forensic laboratory : *un laboratoire médico-légal*
une autopsie	a postmortem	
être libéré (relaxé)	to be released	
être jugé par contumace	to be tried in absentia	
la détention	custody	
être placé en détention provisoire	to be remanded in custody	
placer qqn en garde à vue	to hold s.o. for questioning	to question, to examine : *interroger*

Quelques exemples

4

• His lawyer advised him to plead not guilty.	*Son avocat lui a conseillé de plaider non coupable.*
• The former minister was sentenced to two years' imprisonment for corruption.	*L'ex-ministre fut condamné à deux ans de prison pour corruption.*
• Many blacks in the US have been tried for crimes they had not committed.	*Beaucoup de noirs aux États-Unis ont été jugés pour des délits qu'ils n'avaient pas commis.*
• Some have even been charged with manslaughter without substantial evidence.	*Certains ont même été inculpés de meurtre sans preuves formelles.*

5

• He was so clever nobody ever caught him red-handed.	*Il était si habile que personne ne le prit jamais la main dans le sac.*
• Tax evasion seems to have become a national sport in our country.	*Il semble que la fraude fiscale soit devenue un sport national dans notre pays.*
• Forensic experts have yet to determine whether the victim was raped or not.	*Il appartiendra aux médecins légistes de dire si oui ou non la victime a été violée.*
• In Corsica or Sicily witnesses usually refuse to give evidence for fear of reprisals.	*En Corse ou en Sicile, les témoins refusent généralement de déposer, par crainte de représailles.*

14. War and Peace

Niveau 1 / 6

la paix	peace	*pas d'article ; indén. sing.*
pacifique, paisible	peaceful	
la guerre	war	*ici indén. sing. ; également dén.* = a war, two wars
agressif	aggressive	aggression : *l'agression, l'agressivité*
belliqueux	bellicose	
ou :	warlike	
sanglant	bloody	*att. également juron :* a bloody fool = *un foutu crétin*
la Première Guerre mondiale	the First World War	*att. majuscules*
la Seconde Guerre mondiale	the Second World War	
ou :	World War II (Two)	*att. pas d'article*
un combat, une bataille	a battle	
combattre	to fight	I fought, fought
un combat acharné	a fierce battle	fierce : *féroce*
lancer une offensive	to launch an offensive	
tuer	to kill	
ou :	to slay (US)	I slew, slain
l'ennemi	the enemy	*ennemi, hostile (adj.) :* hostile
une armée	an army	
les forces armées	the armed forces	
un soldat, un militaire	a soldier	
les militaires	the military	*adj. substantivé, pas de -s, mais s'accorde au plur.*
une arme	a weapon	weaponry : *les armes, l'armement (sing. indén.)*
la course aux armements	the arms race	*att. exception :* arms *est au plur., bien qu'il soit adj.*
une tactique	tactics	*att. toujours au plur. ; adj.* tactical
une stratégie	a strategy	*adj.* strategic
un allié	an ally	*les alliés :* allied forces
recruter	to recruit	*une recrue :* a recruit

Niveau 2 / 6

un fusil, un canon	a gun	*une mitrailleuse :* a machine-gun
un avion	an aircraft	*att. plur. :* aircraft
aller au combat	to go to war	
faire la guerre	to make war	
ou :	to wage war	
faire la guerre, être en guerre (contre)	to be **at** war (with)	
la guerre éclata	war broke out	to break, I broke, broken
déclarer la guerre à	to declare war **on**	*personne ou objet*
conquérir	to conquer	
une conquête	a conquest	
un drapeau	a flag	
tenir une position	to hold a position	to hold, I held, held
se replier	to withdraw	I withdrew, withdrawn
prendre d'assaut	to storm	
bombarder	to bomb	*cf.* a bomb : *une bombe*
ou :	to shell	*cf.* a shell : *un obus*
larguer une bombe	to drop a bomb	*un bombardier :* a bomber
le bombardement	bombing	*sing. indén.*
une bombe à retardement	a time-bomb	
une arme nucléaire	a nuclear weapon	
la guerre bactériologique	bacteriological warfare	*sing. indén. ; pas d'art.*
la guerre chimique	chemical warfare	
anéantir, détruire	to destroy	
un prisonnier de guerre	a prisoner of war (POW)	
un camp de concentration	a concentration camp	
un génocide	a genocide	
un massacre	a slaughter	*massacrer :* to slaughter

Niveau 3 / 6

une politique de paix	a peace policy	*la paix :* peace
un traité de paix	a peace treaty	
les Nations Unies	the United Nations	*plur.*
l'ONU	the UN	
les casques bleus	the UN forces	*soldats sous mandat de l'ONU*
l'OTAN	NATO	*prononcer* [neito]
intervenir dans, s'ingérer dans	to intervene in, to interfere in	*intervention :* intervention
une force d'intervention	a task force	
le droit d'ingérence	the right to interfere	*l'ingérence :* interference
envoyer des troupes	to send troops	
les premières lignes	the front lines	

une tranchée	a trench	*être retranché :* to be entrenched
une guerre d'usure	a war of attrition	
être envoyé au front	to be sent to the front	to send, I sent, sent
faire sauter	to blow up	to blow, I blew, blown
encercler	to surround	
battre en retraite	to retreat	*la retraite :* retreat
se rendre	to surrender	
la reddition sans conditions	unconditional surrender	
l'issue du conflit	the outcome of the conflict	
le désarmement	disarmament	*sing. indén. ; désarmer :* to disarm
la dissuasion nucléaire	the nuclear deterrent	to deter (from) : *dissuader (de)*
la dissuasion, le principe de dissuasion	deterrence	

Quelques exemples

1

- People thought the First World War was the war to end all wars. — *Les gens pensaient que la Première Guerre mondiale était la Der des Ders.*
- Some of the bloodiest battles were fought in the North East of France. — *Certaines des plus sanglantes batailles furent livrées dans le nord-est de la France.*
- The general launched an offensive to boost the morale of his troops… — *Le général lança une offensive pour redonner le moral à ses troupes…*
- War is nothing more than the continuation of politics by other means. — *La guerre n'est que la continuation de la politique, avec d'autres moyens.*

2

- Our forefathers enthusiastically went to war to defend the flag. — *Pour défendre le drapeau, nos ancêtres partirent en guerre avec enthousiasme.*
- The US declared war on Japan immediately after Pearl Harbour. — *Les USA déclarèrent la guerre au Japon tout de suite après Pearl Harbour.*
- Western people fear a bacteriological war might break out. — *Les Occidentaux craignent qu'une guerre bactériologique n'éclate.*
- Afghans had been at war 21 years when the US dropped their first bombs on Kabul. — *Les Afghans étaient en guerre depuis 21 ans, quand les USA larguèrent leurs premières bombes sur Kaboul.*

3

- It is now accepted that the UN has a right to interfere in local conflicts. — *Il est désormais admis que l'ONU a un droit d'ingérence dans les conflits locaux.*
- Nuclear deterrence has probably prevented major armed conflicts. — *La dissuasion nucléaire a sans doute empêché des conflits armés majeurs.*
- In spite of the truce the outcome of the war seems uncertain. — *En dépit de la trêve, l'issue du conflit semble incertaine.*
- Does disarmament mean anything if we go on selling weapons to rival factions? — *Le désarmement a-t-il un sens si on continue à vendre des armes aux factions rivales ?*

Niveau 4 / 6

envahir un pays	to invade a country	*une invasion :* an invasion
annexer	to annex	
occuper (un territoire)	to occupy (a territory)	
des forces d'occupation	occupying forces	
tirer	to shoot	I shot, shot
tirer un coup de feu	to fire a shot	
abattre qqn	to shoot s.o. dead	dead = *mort ; adj. résultatif*
riposter	to retaliate	
des représailles	retaliation	*att. sing. indén.*
ou :	reprisals	
réprimer une révolte	to suppress an uprising	
la répression, l'oppression	repression	*sing.*
écraser	to crush	*une défaite écrasante :* a crushing defeat
un bain de sang	bloodshed, a bloodbath	bloodshed *est plutôt indén.*
verser le sang	to shed blood	to shed, I shed, shed
une escalade	an escalation	
impitoyable	ruthless, merciless	*impitoyablement :* ruthlessly, mercilessly
soumettre un peuple	to subdue a people	*des peuples :* peoples
un civil	a civilian	
la soumission	submission	*sing.*
s'effondrer	to collapse	*effondrement :* collapse
résister à qqn ou qqch.	to resist s.o. or smthg	*att. trans. direct*
la Résistance	the Resistance	*un résistant :* a resistance fighter
la guérilla	guerilla warfare	
prendre le maquis	to take to the bush	
un guérillero	a guerilla	
une mutinerie	a mutiny	*un mutin :* a mutineer
une cour martiale	a court-martial	to be court-martialled : *passer en cour martiale*
un peloton d'exécution	a firing squad	
un objecteur de conscience	a conscientious objector	
offensif	offens**ive**	*cf.* an offensive weapon
défensif	defens**ive**	

Niveau 5 / 6

s'engager dans l'armée	to join the army	
l'infanterie	the infantry	
la marine	the Navy	
l'armée de l'air	the Air Force	
un simple soldat	a trooper	
un officier	an officer	
un appelé (au service militaire)	a conscript	
une armée d'appelés	a conscript army	*la conscription :* conscription
faire son service militaire	to do one's military service	
une armée de métier	a professional army	
un volontaire	a volunteer	to volunteer : *se porter volontaire*
une milice	a militia	*un milicien :* a militiaman
un tireur d'élite	a marksman	
ou :	a crackshot	
un tireur isolé	a sniper	
une cible	a target	*cibler :* to target
un raid aérien	an air raid	
une frappe chirurgicale	a surgical strike	
les dommages collatéraux	collateral damage	*att. indén. sing.*
abattre un avion	to shoot down an aircraft	
un avion de chasse	a fighter plane	
la DCA	the flak	
des parachutistes	paratroopers	
aéroporté	airborne	
la Légion Étrangère	the Foreign Legion	
un espion	a spy	
les services de renseignement	intelligence services	
espionner qqn	to spy **on** s.o.	*att. à la construction*
un ancien combattant	a war veteran	

Niveau 6 / 6

un affrontement	a clash	*s'affronter :* to clash
une embuscade	an ambush	
tendre une embuscade à qqn	to ambush s.o.	*att. trans. direct*
les morts	the dead	*trois morts :* three people dead
blesser	to wound	*les blessés :* the wounded
des victimes	casualties	*morts et blessés*

le nombre des morts	the death toll	
estropier	to maim	
horrible, abominable	appalling	
trouver la mort	to lose one's life	
une ethnie	an ethnic group	
un mouvement séparatiste	a separatist movement	
un patriote	a patriot	
audacieux	daring	
la purification ethnique	ethnic cleansing	to cleanse : *nettoyer*
un criminel de guerre	a war criminal	
un crime de guerre	a war crime	
un crime contre l'humanité	a crime against humanity	
une force de maintien de la paix	a peacekeeping force	
un marchand d'armes	an arms dealer	*att. bien qu'en position d'adj.* arms *reste au plur.*
de la chair à canon	cannon fodder	
des mines anti-personnel	anti-personnel mines	
poser une bomb	to plant a bomb	
un rescapé, un survivant	a survivor	
décréter une trêve	to call a truce	
un cessez-le-feu	a ceasefire	

Quelques exemples

4

- The occupying forces ruthlessly suppressed the uprising. — *Les forces d'occupation réprimèrent impitoyablement le soulèvement.*
- Many young men took to the bush rather than cooperate with the enemy. — *Beaucoup de jeunes gens prirent le maquis plutôt que de coopérer avec l'ennemi.*
- Resistance fighters are always called terrorists by the regular armies they fight. — *Les résistants sont toujours appelés terroristes par les armées régulières qu'ils combattent.*
- As it was unable to catch the guerillas the army retaliated by killing innocent civilians. — *Incapable de capturer les rebelles, l'armée riposta en tuant des civils innocents.*

5

- The colonel was courageous: he volunteered his men for all dangerous missions. — *Le colonel était courageux, il portait ses hommes volontaires pour toute mission dangereuse.*
- Conscript armies now tend to be replaced by professional soldiers. — *Les armées de conscription ont maintenant tendance à laisser la place à des soldats professionnels.*
- All aircraft flew very high for fear of being shot down by the flak. — *Tous les appareils volaient à haute altitude de peur d'être abattus par la DCA.*
- The so-called surgical strikes involved a lot of collateral damage. — *Les frappes dites chirurgicales ont entraîné beaucoup de dommages collatéraux.*

6

- The Air Force said only three civilians had been killed during the bombing.
  L'Armée de l'Air a déclaré que seuls trois civils avaient été tués au cours du bombardement.
- The death toll is generally much higher than officially admitted.
  Les pertes en vies humaines sont en général beaucoup plus élevées que les chiffres officiellement reconnus.
- In spite of international protests ethnic cleansing went on unrestricted.
  En dépit des protestations internationales, la purification ethnique se poursuivit sans encombre.
- Can Europe afford to have a permanent peacekeeping force in the Caucasus or the Near East?
  L'Europe peut-elle se permettre d'avoir une force permanente de maintien de la paix dans le Caucase ou le Proche-Orient ?

15. Figures and Statistics

Niveau 1 / 8

un chiffre	**a figure**	
un nombre	a number	
un grand nombre	a great / large number	
compter	to count	
deux cent personnes	two hundred people	*att. adj. inv.*
deux mille visiteurs	two thousand visitors	*idem*
deux cent mille voyageurs	two hundred thousand travellers	*idem*
deux millions de chômeurs	two million unemployed people	*idem ; pas de prép. intercalée*
trois milliards d'Asiatiques	three billion Asians	*idem*
peu de (gens)	few (people)	*att. pas d'article*
quelques	**a** few	*att. art.*
un certain nombre	some	
plusieurs	several	
pas mal de (visiteurs)	quite a few (visitors)	
beaucoup de gens	many people	
ou :	a lot of people	*att. s'accorde au plur.*
ou :	lots of people	
plus de gens… que	more people… **than**	
beaucoup plus de gens… que	many more people… than	
moins de gens	fewer people	*devant un pl., plutôt* fewer *que* less
autant de gens… que	as many people… **as**	
la plupart des gens	most people	*ni art., ni prép.*
la plupart des gens que je connais	most **of the** people I know	*art. et prép. car détermination par la relative*
la plupart d'entre eux	most of them	
tous les gens	all (the) people	all the people I know : *art. rendu obligatoire par la relative*
tout le monde	everybody	
ou :	everyone	

Niveau 2 / 8

peu d'argent	little money	*att. pas d'art.*
un peu de vin	a little wine	*att. art.*
de la (une certaine quantité de) nourriture	some food	
beaucoup de travail	much work	

ou :	a lot of work	
beaucoup plus de travail	much more work	
moins de temps que…	less time than…	
autant de pluie que l'an dernier	as much rain as last year	
exact, précis	accurate, precise	*adv.* accurately, precisely
partager	to share	a share : *une part, une action*
mesurer	to measure	
la taille, la grandeur	the size	
les dimensions	the measurements	
un mètre	a metre (GB), a meter (US)	a centimetre, a kilometre *etc.*
un pouce (= 2,54 cm)	an inch	*à terme, ces mesures devraient laisser la place au système métrique*
un pied = 30,5 cm	a foot	*plur.* feet ; 1 foot = 12 inches
un yard (= 91 cm)	a yard	1 yard = 3 feet
un mile (= 1.609 m)	a mile	1 mile = 1.760 yards
elle mesure 1 m 65	she **is** five foot five	*att. au verbe*
il mesure 1 m 83	he is 6 foot tall	
un basketteur de 2 m 13	a seven-foot-tall basket-ball player	
une piscine de 25 mètres	a 25-metre-long swimming-pool	*la longueur :* length
ou :	an 82-foot-long pool	
large	wide	*largeur :* width
profond	deep	*la profondeur :* depth
haut	high	*la hauteur :* height ; *att. à l'ortho.*
plus grand que	larger than	
aussi large que	as wide as	
moins profond que	less deep than	
le premier	the first	
le deuxième	the second	2nd
le troisième	the third	3rd
le quatrième	the fourth	the **fifth**, the sixth, the seventh, the eighth, the **ninth**, the tenth, etc.
le vingtième	the twentieth	thirtieth, fourtieth, fiftieth, *etc.*
deux fois	twice	*en un mot*
trois / quatre fois	three / four times	
la première / deuxième fois	the first / second time	
d'abord, en premier	first, firstly	*uniquement si énumération*
tout l'univers	all the universe	
ou :	the whole universe	

Niveau 3 / 8

tous les ans	every year	*att. sing.*
chaque année	each year	*idem*
tous les deux ans	every second year	
	ou : every other year	
	ou : every two years	*cas particulier où* every *est suivi du plur.*
tous les cinq ans	every five years	*idem*
la plupart du temps	most of the time	
presque tous les jours	almost every day	
***pour** la première fois*	**for** the first time	*attention à la prép.*
premièrement, deuxièmement	first(ly), secondly	*dans une énumération*
le double du prix	double the price	*att. pas d'art.*
un tiers	a third	
deux tiers	two thirds	
un quart	a quarter	
trois quarts	three quarters	
trois cinquièmes	three fifths	
la moitié	one half	*et non l'art. défini*
à moitié plein	half full	*à moitié vide :* half empty
la moitié du prix	half the price	
à peu près, environ	approximately	
environ (+ chiffre)	around	
trop (+ adj. ou adv.)	too	
trop de gens	too many people	
Il travaille trop.	He works too much.	
*trop **de** travail*	too much work	*sing. indén.*
beaucoup trop de sel	far too much salt	
tout à fait	quite	
assez, passablement	fairly	
plutôt	rather	
assez, suffisamment	enough	*devant le nom :* enough food *; après l'adjectif :* large enough

Quelques exemples

1

- Three hundred million viewers saw the match on TV. — *Trois cent millions de téléspectateurs ont vu le match à la télévision.*
- There were many more visitors than the previous year. — *Il y eut beaucoup plus de visiteurs que l'année précédente.*
- There remain fewer and fewer farmers in Europe. — *Il reste de moins en moins d'agriculteurs en Europe.*
- There will soon be as many inhabitants in India as in China. — *Il y aura bientôt autant d'habitants en Inde qu'en Chine.*

2

- You have far more money than I have, why not share? — *Tu as bien plus d'argent que moi, pourquoi ne pas partager ?*
- He had a suit made to his measurements. — *Il s'est fait faire un costume sur mesure.*
- It was the second highest building in the world. — *C'était le deuxième bâtiment du monde pour la hauteur.*
- The Channel is much less deep than the Atlantic Ocean. — *La Manche est bien moins profonde que l'Atlantique.*

3

- Two thirds of the population eat far too much sugar. — *Les deux tiers des gens mangent beaucoup trop de sucre.*
- He goes back to his native country on holiday every three years — *Il retourne dans son pays tous les trois ans aux vacances.*
- We didn't have enough time to see everything. — *Nous n'avons pas eu assez de temps pour tout voir.*
- The house was fairly large, but not large enough for the whole family — *La maison était passablement grande, mais pas assez grande pour toute la famille.*

Niveau 4 / 8

une quantité	a quantity, an amount	
énormément de (« un tas de »)	loads of	*légèrement familier*
par milliers	by the thousand	*att. au sing.*
une maison pleine d'enfants	a house full of children	
un petit nombre	a **small** number	*at non* little
nombreux	numerous	
le poids	the weight	
peser	to weigh	*att. pas de* -t
au plus (+ chiffre)	at most	
au moins (+ chiffre)	at least	
onze pour cent	eleven percent	*att. percent est inv.*
ajouter	to add	*une addition :* a sum
le seul (à faire qqch.)	the only one (to do smthg)	
baisser, réduire (à)	to reduce (to)	*trans.*
baisser	to drop, to decline	*intrans.*
baisser de 5 %	to drop **by** 5 per cent	
augmenter les salaires	to **raise** salaries	*trans. ; verbe régulier*
augmenter, s'élever	to **rise**	I rose, risen ; *intrans.*
augmenter de	to rise / raise **by**	
une augmentation	a rise	
léger, peu prononcé	slight	slightly : *légèrement*
brusque	sharp	sharply : *brusquement*
régulier	steady	steadily : *régulièrement*

Niveau 5 / 8

une moyenne	an average	
en moyenne	**on** (an) average	
relatif (relativement)	relative(ly)	
au contraire, ...	on the contrary, ...	
à la différence de, au contraire de	contrary **to**, as opposed to	
par rapport à, en comparaison de	compared to	
un Britannique sur trois	one Briton **in** three	
ou :	one Briton **out of** three	
deux fois (plus grand que)	twice **as** large **as**	*comparaison chiffrée : on utilise le comparatif d'égalité*
deux fois plus de temps que	twice as much time as	*idem*
trois fois plus d'habitants que	three times as many inhabitants as	*idem*
deux fois moins grand que	half as large as	*idem*
trois fois moins de gens que	a third as many people as	idem
Il a quinze ans	He **is** 15 (years old)	
âgé de quinze ans	aged 15	*att. pas de prép.*
à (l'âge de) quinze ans...	at the age of 15...	
un enfant de douze ans	a twelve-year-old child	*att. adj. composé, pas de -s à* year
certains (certaines gens) diraient...	some (people) would say...	
presque personne	hardly anybody	*att. ne pas employer* nobody
presque rien	hardly anything	*ne pas employer* nothing

Niveau 6 / 8

une douzaine	a dozen	
deux douzaines d'œufs	two dozen eggs	*att. pas de prép. ;* dozen *est inv. (adj.)*
des dizaines de milliers	tens of thousands	*approximation très large : les nombres deviennent substantifs : plur. + prép.*
une livre	a pound (lb.)	*= 454 g*
une once	an ounce (oz)	*= 28 g*
peser 63 kilos	to weigh 10 stone (st.)	*I st. = 6.3 kg ; inv.*
un pourcentage	a percentage	
croissant	growing, increasing	
la croissance	growth	
une progression, un accroissement	an increase	

gigantesque (sens figuré aussi)	huge, gigantic	*un géant :* a giant
Nous étions quinze.	There were fifteen of us.	*et non* We were fifteen. *(= Nous avions quinze ans.)*
séparé(ment)	separate(ly)	
l'un après l'autre	one after the other	
estimer (jauger, apprécier)	to estimate, to assess	*un devis :* an estimate
le contraire de	the contrary, the opposite	
au** contraire **de	contrary **to**	
ou :	**as** opposed **to**	
surestimer	***to*** overestimate, to overrate	
sous-estimer	to underestimate	
réduire, restreindre (à)	to reduce (to)	
limiter	to limit	
le dernier	the last one	
l'avant-dernier	the one before last	
largement	widely	
une grande majorité	a vast majority	
majoritairement	predominantly	

Quelques exemples

4

- During the drought children died by the thousand. — *Durant la sécheresse, les enfants moururent par milliers.*
- She is rather short, 5 foot 1 at most. — *Elle est plutôt petite, elle mesure 1 m 55 tout au plus.*
- Prices have risen by 3 percent this year. — *Les prix ont augmenté de 3 % cette année.*
- Yet they refuse to raise our salaries. — *Pourtant ils refusent d'augmenter nos salaires.*

5

- India is six times as large as France. — *L'Inde est six fois plus grande que la France.*
- Europe is a third as populated as India. — *L'Europe est trois fois moins peuplée que l'Inde.*
- Hardly anybody thought that we would win. — *Presque personne ne pensait que nous gagnerions.*
- As a rule 12-year-old boys prefer video games to reading. — *En règle générale, les garçons de douze ans préfèrent les jeux vidéo à la lecture.*

6

- Contrary to what we expected, there has been a sharp increase in unemployment. — *Contrairement à ce qu'on attendait, il y a eu une forte croissance du chômage.*
- Tens of thousands of people are likely to die of the disease. — *Des dizaines de milliers de gens mourront vraisemblablement de cette maladie.*
- There were about thirty of us wanting to see the show… — *Nous étions une trentaine à vouloir voir le spectacle…*
- … unfortunately there were only two dozen seats left. — *… malheureusement, il ne restait que 24 places.*

Niveau 7 / 8

calculer	to calculate	*des calculs :* calculations
le calcul	calculus	
additionner	to add	*des additions :* addition *(indén.)*
une addition	a sum	*faire ses additions :* to do one's sums
soustraire, déduire (de)	to substract (from)	*des soustractions :* substraction *(indén.)*
multiplier	to multiply	*faire des multiplications :* to do multiplication *(indén.)*
quatre fois quatre	four times four	
diviser	to divide	*des divisions :* division *(indén.)*
un rapport	a ratio	
une fraction	une fraction	
numéro un	number one	
de premier ordre	first-class	
faire un numéro de téléphone	to dial a number	
la surface	the area	
un mètre carré	a square metre	a square foot, a square inch etc.
quatre mètre sur(par) quatre	four **by** four metres	
le volume	the bulk, the volume	
deux mètres cube	two cubic metres	
un gallon	a gallon	GB : 4.54 litres ; US : 3.78 l
une pinte	a pint	GB : 0.57 litres ; US : 0.47 l
croître (intransitif), grossir	to grow	I grew, grown
décroître brusquement	to plummet	
se réduire, rétrécir	to shrink	I shrank, shrunk
croître brusquement, prendre son essor	to soar	
augmenter de 5 %	to grow (to rise) **by** 5%	
une augmentation de 5 %	a 5-percent rise	
une croissance globale	an overall growth	*att.* global = *mondial*

Niveau 8 / 8

le taux de natalité	the birthrate	the rate : *le taux*
une baisse de la natalité	a drop **in** the birthrate	birth : *la naissance*
le surpeuplement	overpopulation	*surpeuplé :* overpopulated
un recensement	a census	

se tromper dans ses calculs	to be mistaken in one's calculations	
l'échelle, la mesure (fig.)	the scale	
la valeur de	the worth of	*sans valeur :* worthless
valoir 10 £	to be worth £10	ten pounds
pour 20 £ d'essence	£20 worth of petrol	twenty pounds' worth of...
10 litres / 100	28.4 miles per gallon (mpg)	GB ; *distance parcourue pour un gallon de carburant*
ou :	23.7 mpg	US
enrayer, endiguer	to stem	
médiocre, très moyen	indifferent	
régler, réguler, contrôler	to regulate	
modéré, mesuré	moderate	*modérer :* to moderate
démesuré(ment)	excessive(ly), immoderate(ly)	
une différence considérable	a significant difference	
innombrable	countless	
une quantité importante	a large quantity	*et non* important *(qui a de l'importance)*
une majorité écrasante	an overwhelming majority	

Quelques exemples

7

- I'm afraid you're mistaken in your multiplication. — *Je crains que tu ne te soies trompé dans tes multiplications.*
- There will be a 5 percent drop in the number of students next year. — *Il y aura une baisse de 5 % dans le nombre des étudiants l'année prochaine.*
- To telephone to Great Britain, dial 00 44, then your correspondent's number. — *Pour téléphoner en Grande-Bretagne, faites le 0044, puis composez le numéro de votre correspondant.*
- The area of England is just over 50,000 square miles... — *La surface de l'Angleterre fait un peu plus de 130 000 kilomètres carrés.*
- ...which is just under a quarter of the area of France. — *...ce qui représente moins du quart de la France.*

8

- He always buys £15 worth of petrol... — *Il achète toujours pour 15 £ d'essence...*
- ...thus he doesn't see the steady increase in petrol prices. — *...ainsi il ne s'aperçoit pas de l'augmentation constante du prix des carburants.*
- The drop in the birthrate will hopefully stem the population growth. — *Il est à espérer que la baisse de la natalité endiguera la croissance de la population.*
- An overwhelming majority of people would rather take their cars than walk to work. — *Une majorité écrasante des gens préfèrent prendre leur voiture plutôt que de marcher pour aller à leur travail.*
- This 4WD vehicle is very inefficient, it does less than 10mpg. — *Ce 4x4 est très peu économique, il consomme plus de 28 l / 100.*

16. Money

Niveau 1 / 7

l'argent	money	*sing. indén. ; en général sans article*
l'argent de poche	pocket money	*sing. indén. ; en général sans art.*
le prix	the price	*n.p.c. avec* prize *= prix littéraire etc.*
coûter	to cost	I cost, cost
cher	expensive	*adj.*
ou :	dear	*adv.* dearly
bon marché	cheap	
gagner (par son travail)	to earn	
gagner sa vie	to earn a living	*et non* life
gagner (au jeu, en sport)	to win	I won, won
dépenser	to spend	I spent, spent
payer	to pay	I paid, paid ; a payment
généreux	generous, liberal	*généreusement :* liberally, generously
économiser, faire des économies	to save (money)	
un salaire	a salary	
acheter	to buy, to purchase	*I bought, bought*
un achat	a purchase	
s'acheter qqch.	to buy oneself smthg	
une banque	a bank	
gratuit(ement)	free	*adj. ou adv.*
un portefeuille	a wallet	
un porte-monnaie	a purse	
une livre (sterling)	**a pound**	*symbole :* £ *; par opposition à* lb *(livre poids)*
un franc	a franc	SF (Swiss Franc)
un euro	a Euro	*att. à l'art.*
un dollar	a dollar	*symbole :* $
une monnaie	a currency	*att. écrire les symboles avant les chiffres :* £50 ; $100 etc.

Niveau 2 / 7

avoir de l'argent sur soi	to have money about / on one	
une somme d'argent	a sum of money	
payer cher un repas	to pay a high price **for** a meal	
payer un verre à qqn	to **buy** s.o. a drink	
acheter qqch. à qqn	to buy smthg **from** s.o.	*au sens d'obtenir contre paiement*
posséder	to own	
appartenir à	to belong to	
jouer à des jeux d'argent	to gamble	a gambler : *un joueur*
parier (sur)	to bet (on)	I bet, bet
un millionnaire	a millionaire	*att. ortho.*
un milliardaire	a billionaire	*un milliard :* a billion
s'enrichir	to get rich (richer)	*le comparatif est possible*
s'appauvrir	to get poorer	*en général au comparatif*
(mal)honnête	(dis)honest	*att.* h *muet*
la valeur	the value	
le montant	the amount	
financier (-ièrement)	financial(ly)	
valoir	to be worth	*ça vaut 50 £ :* it is worth £50
changer de l'argent	to change money	
le change	foreign exchange	
le crédit	credit	
ou :	hire-purchase	
acheter à crédit	to buy **on** credit	
des arrhes, un dépôt	a deposit	
un prix élevé	a high price	*et non* an expensive price
un prix bas	a low price	*et non* a cheap price
une (bonne) affaire	a bargain	to bargain : *marchander*
le coût, les coûts	the cost	*souvent au sing. indén.*

Niveau 3 / 7

la propriété	property	
une propriété (terres etc.)	an estate	*sing. collectif*
le propriétaire	the owner	
la possession (fait de posséder)	ownership	
un / une propriétaire (immobilier)	a landlord / a landlady	
un locataire	a tenant	
le loyer	the rent	

le pouvoir d'achat	the purchasing power	
faire du profit / des profits	to make a profit	*souvent au sing. ;* to make profits *est possible*
coûteux, onéreux	costly	
économique	economic	*qui a trait à l'économie*
économique, bon marché	economical	
sans valeur	worthless	
les dépenses	expenses	
ou :	expenditure	*sing. indén.*
un centime	a cent	*cf.* dollar, Euro
ou :	a penny (centime de livre)	*plur.* pence
un compte bancaire	a bank account	
le capital, des capitaux	capital	*sing.*
des intérêts	interest	*sing. ; le taux d'intérêt :* the interest rate
un revenu, des revenus	an income	
le cours d'une monnaie	the rate of a currency	
le taux de change	the exchange rate	
l'or	gold	*sing. indén. ; pas d'art.*
l'étalon or	the gold standard	
l'argent	silver	*sing. indén. ; pas d'art.*
il peut se permettre (s'offrir)	he can afford	*+ nom ou + inf.*
dépenser son argent en vêtements	to spend one's money **on** clothes	

Quelques exemples

1

- You must earn a good living to live in London. — *Il faut bien gagner sa vie pour vivre à Londres.*
- Public transport there is much more expensive than in Paris. — *Les transports en commun y sont beaucoup plus chers qu'à Paris.*
- That meal in a posh restaurant cost him £100. — *Ce repas dans un restaurant chic lui a coûté 150 Euros.*
- He's rich: he's used to spending liberally. — *Il est riche, il a l'habitude de dépenser sans compter.*

2

- Bill's never bought anyone a drink: no wonder he is a millionaire. — *Bill n'a jamais payé un verre à qui que ce soit : pas étonnant qu'il soit millionnaire.*
- How much did you pay for that second-hand car? — *Combien t'a coûté cette voiture d'occasion ?*
- I bought it from a friend; I only paid 20,000 Euros for it. — *Je l'ai achetée à un ami ; je ne l'ai payée que 20 000 Euros.*
- 20,000 Euros? Are you sure it is worth that much? — *20 000 Euros ? Es-tu sûr qu'elle vaut tant que cela ?*

3

• The landlord complains that his tenants do not pay their rent.	*Le propriétaire se plaint que ses locataires ne payent pas leur loyer.*
• Running a car, even "an economical one", is always costly.	*Entretenir une voiture, même « un véhicule économique », est toujours coûteux.*
• Given the current exchange rate of our currency, I can't afford to travel abroad.	*Étant donné le taux de change actuel de notre monnaie, je ne puis me permettre de voyager à l'étranger.*
• People spend a growing part of their incomes on holidays.	*Les gens dépensent une part croissante de leurs revenus pour leurs vacances.*

Niveau 4 / 7

l'argent liquide	cash	
un billet (de banque)	a (bank)note	a ten-pound note
ou :	a bill (US)	a five-dollar bill
une pièce	a coin	
la (petite) monnaie	(small) change	
un faux billet	a forged banknote	forgery : *la contrefaçon*
un faussaire	a forger	to forge : *contrefaire*
lucratif	lucrative	
rentable, profitable	profitable	*la rentabilité :* profitability
investir dans qqch.	to invest in smthg	
un investissement	an investment	*att. à l'ortho.*
sûr, sans risque	safe	
risqué	risky	
rapporter (un gain)	to yield	the yield : *le rendement*
des économies (épargne)	savings	*plur.*
une caisse d'épargne	a saving**s** bank	*peu courante dans les pays anglo-saxons*
un organisme d'épargne-logement	a building society	*courant dans les pays anglo-saxons*
un fond de pension	a pension fund	
un compte (bancaire)	a bank account	
une facture	a bill	
une dette	a debt	
une subvention	a subsidy	
*subventio**nn**er*	to subsidize	
un impôt, une taxe	a tax	
l'impôt sur le revenu	income tax	
les statistiques	statistics	*plur.*
riche, fortuné	rich, wealthy	*les riches :* the rich *(adj. substantivé)*
la fortune, la richesse	wealth	*sing. indén.*

une fortune	a fortune	*faire fortune :* to make **a** fortune
une action (boursière)	a share	*autre sens : une part*
le capital, les actions (d'une société)	the stocks (shares)	
un actionnaire	a shareholder, a stockholder	
un dividende	a dividend	

Niveau 5 / 7

payer en liquide	to pay (in) cash	a cash transaction : *un paiement en liquide*
un chèque	a cheque (GB), a check (US)	
une carte de crédit	a credit card	
encaisser un chèque	to draw a cheque	to draw, I drew, drawn
un chèque de voyage	a traveller's cheque	*ou* check (US)
une facture	a bill	*parfois* a check (US)
régler la facture	to pay the bill	
ou :	to foot the bill	
dépenser	to spend	I spent, spent
dépenser son argent pour / en	to spend one's money **on**	*cf.* clothes, cars etc.
dépensier, dispendieux	extravagant	*att. faux ami*
imprudent	reckless	
inconsidéré, irréfléchi	rash	
somptuaire, somptueux	lavish	
une faillite	a bankruptcy	
faire faillite	**to go** bankrupt	*att. au verbe*
être en faillite	**to be** bankrupt	
la Bourse	the Stock Exchange	
une devise (monnaie)	a currency	*une devise forte :* a hard currency
une augmentation	a rise, an increase	
une chute	a drop, a fall	
marqué, net	sharp	*adv.* sharply
évaluer	to assess, to appraise	
dévaluer (monnaie)	to devalue	*cf.* devaluation
mendier	to beg	a beggar : *un mendiant*
faire la manche	to busk	*implique généralement que l'on joue de la musique dans la rue*

Niveau 6 / 7

économique (qui limite les coûts)	cost-efficient	*cf. aussi* economical
acquérir	to acquire	
avoir les moyens	to be well off	*comp.* better off
le salaire minimum, le smic	the minimum wage	
un contribuable	a tax-payer	
le Trésor, le ministère des Finances	the Treasury	
le fisc	the (Inland) Revenue	*service des impôts en GB*
la fraude fiscale	tax evasion	*frauder :* to evade tax
une incitation fiscale	a tax incentive	
une réduction d'impôt	a tax rebate	
le salaire net (d'impôt)	the net salary	
les charges sociales	the welfare costs	*plur.*
une allocation	an allowance	
une politique monétaire	a monetary policy	*sing.*
la Banque Mondiale	the World Bank	
prêter	to lend	I lent, lent
emprunter	to borrow	*emprunter de l'argent à qqn :* to borrow money **from** s.o.
le taux d'intérêt	the interest rate	
corrompre qqn par l'argent	to bribe s.o.	bribery : *(indén.) la corruption*
un dessous de table	a bribe	
une tirelire	a piggy bank	
un coffre-fort	a safe	
voler, dérober de l'argent	to steal money	to steal, I stole, stolen
un trésor	a treasure	
ou :	a hoard	*argent accumulé*
accumuler (de l'argent)	to hoard (money)	
avare	miserly	*un avare :* a miser ; *l'avarice :* miserliness
ou :	tight-fisted	
mesquin	mean	

Quelques exemples

4

- Be careful, $100 bills are often forged. — *Attention ! Les billets de cent dollars sont souvent faux.*
- Investing in a savings bank may not be very lucrative but it is safe. — *Investir dans une caisse d'épargne n'est peut-être pas très lucratif, mais c'est sûr.*
- Unfortunately half the stocks of our company belong to an American pension fund. — *Hélas, la moitié des actions de notre société appartiennent à un fonds de pension américain.*

- These shares are worthless, I never get any dividend on my capital. — *Ces actions sont sans valeur, je ne touche jamais aucun dividende sur mon capital.*

5

- The credit card urges some to launch into rash purchases. — *La carte de crédit pousse certains à se lancer dans des achats inconsidérés.*
- Why should I foot the bill of your extravagant way of life? — *Pourquoi réglerais-je les factures de ton train de vie dispendieux ?*
- Their business is no longer profitable: they are bound to go bankrupt. — *Leur affaire n'est plus rentable : ils vont inévitablement faire faillite.*
- After a sharp fall, the Euro rose again against other currencies. — *Après une chute marquée, l'Euro s'est redressé par rapport aux autres devises.*

6

- Some accuse the World Bank of being keener to lend money to the rich than to the poor. — *Certains accusent la Banque mondiale de prêter plus volontiers aux riches qu'aux pauvres.*
- The Treasury should grant tax rebates to middle-income taxpayers. — *Le ministère des Finances devrait accorder des réductions d'impôts aux contibuables à revenus moyens.*
- Bosses claim that the welfare costs are too high for them to make profits. — *Les patrons prétendent que les charges sociales sont trop élevées pour qu'ils fassent des bénéfices.*
- What the Administration called tax incentives were mere bribes given to the wealthy. — *Ce que l'Administration appelait incitations fiscales étaient de véritables pots de vin offerts aux riches.*

Niveau 7 / 7

le marché noir	the black market	*au noir :* **on** the black market
travailler au noir	to moonlight	*le travail au noir :* moonlighting
l'impôt sur le revenu	income tax	
blanchir de l'argent	to launder money	*le blanchiment de l'argent :* money laundering
une monnaie d'échange, une contrepartie	a quid pro quo	*att. faux ami*
un moyen de paiement	a legal tender, a method of payment	
faire un chèque	to write a cheque	
une mensualité	a monthly payment	
ou :	a monthly instalment	
placer de l'argent	to invest money	
faire un dépôt, placer	to deposit	
une assurance-vie	a life insurance	
faire payer (à qqn)	to charge (s.o.)	*trans.*
un prix exorbitant	an extortionate price	
un distributeur de billets	a cash dispenser	
les transactions boursières	Stock Exchange trading	*sing. indén.*

un agent de change (en Bourse)	a broker	
spéculer en Bourse	to gamble on the Stock exchange	
une crise	a crisis	*plur.* crises
ou :	a slump	
un krach boursier	a stock market crash	
la cupidité, l'avidité	greed	*cupide :* greedy
un escroc	a swindler	a swindle : *une duperie, une escroquerie*
duper, escroquer	to swindle	to swindle **people out of their money**
voler, spolier les gens	to rob people	*et non* to steal
détourner (des fonds)	to embezzle (funds)	*cf.* an embezzler
le détournement de fonds	embezzlement	
C'est du vol !	It's a rip-off!	
être plein aux as	to be filthy rich	*familier*
être pauvre comme Job	to be as poor as a church mouse	
être dans la panade	to be in dire straits	straits : *un détroit*

Quelques exemples

7

- Many people resort to moonlighting in order to avoid paying income tax. — *Beaucoup de gens recourent au travail au noir afin d'éviter de payer l'impôt sur le revenu.*
- Bankers charge us extortionate prices to manage our investments. — *Les banquiers nous font payer des prix exorbitants pour gérer nos investissements.*
- Many elderly people have been robbed of their savings by that property developer. — *Bien des personnes âgées se sont fait voler leurs économies par ce promoteur.*
- He was so greedy that he even swindled his relatives out of their money. — *Il était si cupide qu'il dépouilla même les gens de sa famille.*
- The inhabitants of this principality have become filthy rich thanks to money laundering. — *Les habitants de cette principauté sont devenus scandaleusement riches grâce au blanchiment de l'argent.*

17. History

Niveau 1 / 4

l'Histoire, l'histoire		History, history	*sing. indén. ; pas d'art.*
une histoire		a story	*cf. anecdote, aventure*
historique		historic	*qui fait date*
	ou :	historical	*qui a trait à l'histoire*
le passé		the past	
passé		past	*adj.*
autrefois		in the past	
	ou :	formerly	*cf. aussi : anciennement*
une coutume		a custom	
au début		at the beginning, at first	*att. n.p.c. avec* first, firstly : *d'abord (dans une énumération)*
	ou :	to start with	
à la fin, finalement		in the end	*à la fin de* : at the end of
en fin de compte, finalement		eventually	*att. faux ami*
le monde d'aujourd'hui		today's world	*att. cas possessif*
les hommes du passé		yesterday's men	*att. cas possessif*
une époque		an era	
à l'époque		in those days	*à l'époque de :* in the days of
	ou :	at that time	
lointain, éloigné		remote	*dans le temps ou l'espace*
la date		the date	*a date = un rendez-vous*
en juin 1945		**in** June 1945	nineteen-forty-five
Il vint le 3 octobre.		He came **on** October 3rd.	*attention à la prép.*
un siècle		a century	*le XXIe siècle :* the twenty-first century
au 20e siècle		**in** the 20th century	twentieth
le troisième millénaire		the third millennium	*plur.* millennia
une décennie		a decade	
durer		to last	

Niveau 2 / 4

un historien		a historian	
un événement		an event	
se produire, se passer		to happen	
	ou :	to occur	
	ou :	to take place	
l'histoire se répéte		history repeats itself	

la Seconde guerre mondiale		**the** Second World War	*att. art.*
	ou :	World War II	*att. pas d'art. ; US*
un traité de paix		a peace treaty	
l'après-guerre		the postwar period	*att.* postwar = *adj.*
prendre fin		to come to an end	
mettre fin à		to put **an** end to	*att. art.*
précédent, préalable		previous	*adv.* previously
ancien		former	*cf. ex*
	ou :	ancient	*cf. antique* (Ancient Greece)
d'antan		of yore	*littéraire*
un empereur		an emperor	
une impératrice		an empress	
un royaume		a kingdom	
la monarchie		monarchy	*pas d'art. défini*
un monarque absolu		an absolute monarch	
l'Empire britannique		the British Empire	
être couronné		to be crowned	
proclamer		to proclaim	
régner (sur)		to reign (over)	
remonter à		to date back to	

Quelques exemples

1

- The Armistice was signed on May 7th 1945, in Rheims. — *L'Armistice fut signé à Reims, le 7 mai 1945.*
- The conflict lasted more than a decade. — *C'est un conflit qui a duré plus d'une décennie.*
- Do great men make history or does history make great men? — *Les grands hommes font-ils l'histoire, ou est-ce que c'est l'histoire qui fait les grands hommes ?*
- At the end of the 20th century the third millennium still seemed remote. — *À la fin du XXe siècle, le troisième millénaire semblait encore lointain.*

2

- This custom dates back to the 12th century. — *C'est une coutume qui remonte au XIIe siècle.*
- Contrary to what some historians think, history never repeats itself. — *Contrairement à ce que pensent certains historiens, l'histoire ne se répète jamais.*
- The destruction of Hiroshima forced the Japanese to accept a peace treaty. — *La destruction d'Hiroshima contraignit les Japonais à accepter un armistice.*
- Queen Victoria reigned over an empire on which the sun never set. — *Victoria régnait sur un empire, sur lequel le soleil ne se couchait jamais.*

Niveau 3 / 4

le Moyen Âge	the Middle Ages	*att. au plur.*
la Renaissance	the Renascence, the Renaissance	
l'Âge d'Or	the Golden Age	*ou* the Gilded Age (US)
la Révolution française	the French Revolution	
la prise de la Bastille	the Storming of the Bastille	to storm : *prendre d'assaut*
les suites, les conséquences	the aftermath	*sing. indén.*
l'esclavage	slavery	*sing. indén. ; pas d'art.*
l'Abolition de l'Esclavage	the Abolition of Slavery	US : 1863
un soulèvement	an uprising	to rise, I rose, risen : *se lever*
les Droits de l'Homme	the Rights of Man	
ou :	human rights	
les Lumières (rationalisme)	Enlightenment	*le siècle des lumières :* the century of Enlightment (18th century)
la guerre d'Indépendence (US)	the Revolutionary War	1775-1783
la guerre de Sécession	the Civil War	1861-1865
prendre fin	to end	
fonder	to found	I founded, founded
libérer (de)	to free (from)	
abolir	to abolish	
annexer	to annex	
conquérir	to conquer	*une conquête :* a conquest
parquer	to herd	a herd : *un troupeau*
exécuter	to execute	
être décapité	to be beheaded	
s'écouler	to elapse	*pour le temps*

Niveau 4 / 4

la préhistoire	prehistory	prehistoric : *préhistorique*
l'Antiquité	Antiquity	*att. pas d'art.*
la période élisabéthaine	the Elizabethan era	Elizabeth I : 1558-1603
la République de Cromwell	Cromwell's Republic	1649-1659
jadis, un jour (passé)	once	*signifie aussi : une fois*
les ancêtres	the forefathers	
un anniversaire (de qqch.)	an anniversary	birthday : *anniversaire de la naissance de qqn*
ou :	a jubilee	
un couronnement	a coronation	*couronner :* to crown
contemporain	contemporary	*adj.*

grandeur et décadence	rise and fall	*cf.* the Roman Empire
l'apogée (d'une époque)	the heyday	
transmettre, léguer	to bequeath	
fêter, célébrer	to celebrate	
se révolter, s'insurger contre	to be up in arms against	
Guillaume le Conquérant	William the Conqueror	*ou :* William I (1066-1087)
la Conjuration des Poudres	the Gunpowder Plot	by Guy Fawkes ; November 5th 1604
la Grande Épidémie de Peste	the Great Plague	1665
l'Incendie de Londres	the Great Fire of London	1666
la Bataille d'Angleterre	the Battle of Britain	1940
l'Indépendance de l'Inde	the Independence of India	1947
la partition de l'Inde	the Partition of India	*création du Pakistan ; 1948*
la Rétrocession de HongKong	the Hong Kong Handover	1997

Quelques exemples

3

- Two centuries elapsed between the arrival of the first slaves and the abolition of slavery. — *Deux siècles s'écoulèrent entre l'arrivée des premiers esclaves et l'abolition de l'esclavage.*
- In the aftermath of the Mexican War, a large part of Mexico was annexed by the US. — *À la suite de la guerre contre le Mexique, une grande partie de celui-ci fut annexée par les USA.*
- In the 1830s native Americans were herded on reservations or massacred. — *Dans les années 1830, les Amérindiens furent parqués dans des réserves ou massacrés.*
- The conquest of the Frontier was completed in 1890 with the battle of Wounded Knee. — *La Conquête de l'Ouest s'acheva en 1890 par la bataille de Wounded Knee.*

4

- The Great Fire of 1666 put an end to the Great Plague in London. — *C'est le grand incendie de 1666 qui mit fin à la Grande Peste de Londres.*
- Each year on November 5th the English celebrate the failure of the Gunpowder Plot. — *Le 5 novembre de chaque année, les Anglais fêtent l'échec de la Conjuration des Poudres.*
- As soon as King Charles I had been beheaded, Cromwell proclaimed the Republic. — *Dès que Charles I eut été décapité, Cromwell proclama la République.*
- The British Empire knew its heyday at the end of the 19th century. — *L'Empire britannique connut son apogée à la fin du XIXe siècle.*

18. Time

Niveau 1 / 8

le temps libre	free time	*sing. indén.*
un passe-temps	a hobby	*pl.* hobbies
les loisirs	leisure	*sing. indén.*
aujourd'hui	today	
de nos jours	nowaday**s**	*att. au -s- terminal*
demain	tomorrow	
hier	yesterday	
bientôt	soon	
parfois	sometimes	*att. au -s- terminal*
immédiatement	at once	
ou :	immediately	*att. à l'orthographe*
ou :	straightaway	
souvent	often	
quotidien(nement)	daily	*adj. ou adv.*
hebdomadaire	weekly	*adj. ou adv. (chaque semaine)*
pendant la journée	during the day	
ou :	in the daytime	
(pendant) toute la journée	all day long	
tous les jours	every day	*att. sing. après* every
une quinzaine (de jours)	a fortnight	
il y a 15 jours	a fortnight ago	
dans un an	in a year	*peut aussi signifier : en un an*
ou :	in a year's time	*att. au cas possessif*
tout le temps	all the time	
À bientôt.	See you soon.	
l'avenir	the future	
(ne pas) avoir le (de) temps	(not) to have time	
Ils n'ont plus…	They no longer have…	*att. à la place de* no longer

Niveau 2 / 8

un siècle	a century	
un millénaire	a millennium	*plur.* millennia
le lendemain (sens adverbial)	the day after	
la veille (sens adverbial)	the day before	
la prochaine fois	next time	*att. pas d'art.*
la semaine prochaine	next week	*idem*
l'année dernière (sens adverbial)	last year	*idem*
la dernière année (du siècle)	**the** last year (of the century)	

l'année précédente	the previous year	*ou* the year before
au printemps	**in** spring	
en été	**in** summer	
en automne	**in** autumn	US : fall
en hiver	**in** winter	
la nuit	at night	*(sens adverbial)*
pendant / durant la nuit	in the night	
	ou : during the night	
(pendant) toute la nuit	all night long	
tôt, en avance	early	*adv. ou adj.*
tard, en retard	late	*adv. ou adj.*
au début du printemps	**in** early Spring	
à la fin de l'été	**in** late Summer	
tôt ou tard	sooner or later	
au plus tôt	at the earliest	
au plus tard	at the latest	
le plus souvent	most of the time	
toujours	always	*répétition, continuité*
encore, toujours	still	*poursuite d'une action*
de nouveau, encore	again	*reprise d'une action*
comme d'habitude	as usual	*et non* usually *(habituellement)*
commencer	to begin	I began, begun
	ou : to start	
finir, prendre fin	to end	
	ou : to come to an end	
prendre du temps	to take time	

Niveau 3 / 8

de temps en temps	from time to time	
il y a peu de temps	a short while ago	
depuis qqs jours	**for** a few days	*notion de durée*
depuis le 1er janvier	**since** January 1st	*la date (ou l'événement) est le* ***point de départ***
récent (récemment)	recent(ly)	
ces temps derniers	lately	
autrefois, précédemment	formerly	
pendant des jours, des jours entiers	**for** days (on end)	*notion de durée*
durant des années	**for** years	*idem*
jour et nuit	night and day	
du jour au lendemain	overnight	

Un jour... *(sens : un beau jour)*	One day...	*dans un récit*
bientôt	soon	
rester un jour (une journée)	to stay one day	
constamment	constantly	
pour la première fois	for the first time	
pour la dernière fois	for the last time	
d'abord, au début	at first	
enfin	at last	*Enfin te voilà !* = At last you have come !
éternel	eternal, everlasting	
à l'avenir	in the future	*attention à la prép.*
en ce moment	at the moment, just now	
jamais, à tout (autre) moment	ever	*affirmatif ou interrogatif*
jamais, à aucun moment	never	*négatif*
pour toujours	for ever	
plus jamais	never again	
demander l'heure à qqn	to ask s.o. the time	

Quelques exemples

1

- I last met him a fortnight ago. — *La dernière fois que je l'ai rencontré, c'était il y a une quinzaine.*
- Nowadays people no longer have the time to read. — *De nos jours, les gens n'ont plus le temps de lire.*
- They devote their leisure time to electronic games. — *Ils consacrent leur loisirs aux jeux électroniques.*
- In a month('s time), in a year('s time), how shall we suffer? — *Dans un mois, dans un an, comment souffrirons-nous ?*

2

- As usual Peter arrived late; why is he always late? — *Comme d'habitude, Pierre arriva en retard ; pourquoi est-il toujours en retard ?*
- He was still in bed at 8; how could he be here early? — *Il était encore au lit à 8 heures ; comment pouvait-il être ici de bonne heure ?*
- The twentieth century ended as it had started: with wars and famines. — *Le vingtième siècle se termina comme il avait commencé : en guerres et en famines.*
- The millennium began with a controversial election in the U.S. — *Le millénaire a débuté par une élection controversée aux U.S.A.*

3

- The sooner, the better. — *Le plus tôt sera le mieux.*
- He's been living in Wales for ten years. — *Cela fait dix ans qu'il vit au pays de Galles.*
- Have you ever seen him since then? — *L'as-tu jamais revu depuis lors ?*
- I've never seen him again since he left. — *Je ne l'ai jamais revu depuis qu'il est parti.*
- This is probably the best time they've ever had. — *Ce sont probablement les meilleurs moments qu'ils aient jamais connus.*

Niveau 4 / 8

passer du temps	to spend time	to spend, I spent, spent
passer du temps à faire qqch.	to spend time do**ing** smthg	*att. à la construction*
Le temps passe...	Time flies...	to fly, I flew, flown *(voler)*
le dernier	the last	
le dernier en date	**the latest**	model *(modèle),* issue *(numéro),* news *(nouvelle)*
il y a longtemps	a long time ago	
Il fut un temps où...	Time was when...	
depuis longtemps	**for** a long time	*durée*
depuis quelque temps	for some time	*idem*
tout à coup, soudain	suddenly, all of a sudden	
normalement, d'habitude	usually	
tous les deux jours (sens adv.)	every two days	*cas où* every *est exceptionnellement suivi du plur.*
ou :	every other day	
tous les cinq ans	every five years	
déjà	already	
dès le début	**from** the start	
constant, régulier	steady	*régulièrement :* steadily
à l'heure	**on** time	*att. à la prép.*
à l'heure pour le repas	**in** time for the meal	*idem*
24 heures sur 24	round the clock	
(durant) les jours ouvrables	**on** weekdays	*att. à la prép.*
une journée de travail	a day's work	*att. au cas possessif*
un préavis d'une semaine	a week's notice	*idem*
finir sa journée (de travail)	to call it a day	Let's call it a day. = *Arrêtons-nous là.*
la tombée de la nuit, le crépuscule	nightfall, dusk	
au lever du jour, à l'aube	**at** dawn	
se reposer	to rest	
attendre (qqn, qqch.)	to wait (**for** s.o., smthg)	*att. à la prép.*

Niveau 5 / 8

un enfant (âgé) de trois ans	a three-year-old child	*adj. composé, pas de plur. à* year
les enfants de moins de 15 ans	chidren under fifteen	
dans les années soixante	in the 60s	

à la fin des années cinquante	in the late 50s	
actuel(lement)	currently	*att. faux ami ;* actually = *véritablement*
à la fin, en fin de compte	eventually	*att. faux ami*
tout de suite, très bientôt	presently	*att. faux ami*
jour après jour	day after day	*attention à la préposition*
régulier(-ièrement)	regular(ly)	
provisoire(ment)	provisional(ly)	*adjectif et adverbe*
au cours de, pendant	during	*att. prép., n'introduit pas une mesure de temps*
(pendant) un certain temps	(for) some time	
pendant que	while	*conj. de sub. de temps*
de temps en temps	from time to time	
un an et demi	a year and a half	
ou :	one and a half years	*att. au plur.*
avoir du retard	to **be** late	*att. au verbe, ; pas de prép.*
retarder	to delay	*un retard :* a delay
remettre, reporter	to postpone	
s'attendre à, attendre	to expect	*cf. un événement*
terminer, mener à bien	to complete	
la semaine dernière (adv.)	last week	
le mois dernier	last month	
comme, au fur et à mesure que	as	*conj. de sub. de temps*
tant que, aussi longtemps que	as long as	*idem*
dès que	as soon as	*idem*

Niveau 6 / 8

avant (que)	before	*prép., adv. ; ou conj. de sub. de temps*
après (que)	after	*att. prép. ou conj. de sub.*
ensuite, après	afterwards	*att. adverbe*
ou :	then	
immédiatement, tout de suite	immediately, directly	
ou :	at once	
sept jours sur sept	seven days a week	
gagner du temps	to save time	
perdre du temps	to waste time	to waste : *gaspiller*
une perte de temps	a waste of time	
ou :	a loss of time	

à l'avance	in advance	
peu à peu	gradually	
à partir de maintenant	from now on	*cf. dorénavant*
généralement	usually, generally	
toujours, invariablement	invariably	
simultané(ment)	simultaneous(ly)	*adj. et adv.*
à tout moment, n'importe quand	any time	
à un moment donné	at a given time	
fait pour durer	built to last	
Le temps, c'est de l'argent.	Time is money	
pas avant le mois prochain	not **until** next month	
dès l'instant où	the moment	*conj. de sub. de temps*
l'aube	dawn	*att. pas d'art.*
le crépuscule	dusk	*idem*

Quelques exemples

4

- He spends his time playing with the latest electronic gadgets. — *Il passe son temps à jouer avec les derniers gadgets électroniques.*
- Time was when people rested on Sundays, it is no longer always true. — *Il fut un temps où les gens se reposaient le dimanche ; ce n'est plus toujours le cas.*
- I've been waiting for you for such a long time. — *Il y a si longtemps que je t'attends.*
- They already lived here when they were first married. — *Ils vivaient déjà ici juste après leur mariage.*

5

- They are currently building a vast shopping complex downtown. — *Ils construisent actuellement un vaste centre commercial en pleine ville.*
- When it is eventually completed, the town will have changed beyond recognition. — *Quand enfin ce sera terminé, la ville sera devenue méconnaissable.*
- I lived (for) one and a half years in Darlington during my childhood. — *J'ai vécu un an et demi à Darlington durant mon enfance.*
- That was in the late 70s: I expect things have changed since. — *C'était à la fin des années 70 : je m'attends à ce que les choses aient changé depuis.*

6

- We won't be able to go to the Riviera until the end of April. — *Nous ne pourrons pas aller sur la Côte d'Azur avant la fin avril.*
- He will be arrested the moment he disembarks. — *Il sera arrêté dès l'instant où il débarquera.*
- He generally has breakfast after working one hour or two. — *Généralement, il déjeune après avoir travaillé une ou deux heures.*
- He usually works one hour or two and has breakfast afterwards. — *Il travaille généralement une ou deux heures et il déjeune après.*

Niveau 7 / 8

une étape	a stage	
un moment	a while	
un instant	a moment	
instantané	instant	*att. adj.*
progressif	gradual	*progressivement :* gradually
dès le début	from the start	
vers minuit	towards midnight	
à la mi-février	in mid-February	
au debut mars	in early March	*on peut aussi dire :* at the beginning of March
à la fin (du mois d')août	in late August	*idem :* at the end of August
une fois	once	*att. peut aussi signifier « une fois que »*
deux fois	twice	
plusieurs fois	several times	
à plusieurs reprises	repeatedly	
Il était une fois...	Once **upon** a time...	
entre-temps, pendant ce temps	in the mean time	
ou :	meanwhile	
à moyen terme	in the medium term	
à long terme	in the long term / run	
un investissement à long terme	a long-term investment	*employé comme adj. : trait d'union*
un avantage à court terme	a short-term benefit	*idem*
une tradition séculaire	a century-old tradition	*idem*
finir par faire qqch.	to end up do**ing** smthg	
commencer à faire qqch.	to start doing smthg	
ou :	to start to do smthg	

Niveau 8 / 8

prendre son temps	to take one's time	*ne pas oublier de décliner :* my, your, his time etc.
prochainement	shortly	*emploi adverbial seulement*
le plus tôt sera le mieux	The sooner the better.	
au cours de, pendant	in the course of	
ou :	during	*att. prép. et non conj. de sub.*
pendant que	while	*att. conjonction de subordination*
un passe-temps	a pastime	
faute de temps (sens adv.)	**for** lack of time	a lack : *un manque ; att. à la prép.*

en l'espace d'une semaine	**within** a week	
en un rien de temps	in no time (at all)	
d'ici la fin du mois	**by** the end of the month	*att. à la prép.*
remettre qqch. (à plus tard)	to postpone (**until** later)	
de très bonne heure (le matin)	very early (in the morning)	
aux premières lueurs de l'aube	at the crack of dawn	
il est grand temps que...	it is high time...	*+ prétérit modal*
à sept heures précises (pile)	at 7 o'clock sharp	
une promenade (à pied) d'une heure	an hour's walk	*att. le* -h- *de* hour *et de ses composés est muet, d'où* **an**
un voyage de cinq heures	a **five-hour** journey	*dans ce cas, on préférera l'adj. composé*
la jeunesse d'aujourd'hui	today's youth	*att. ce cas possessif n'est pas possible avec* nowadays
le monde de demain	tomorrow's world	
les événements de l'année dernière	last year's events	
continuer à	to continue	*+ inf.*
ou :	to go on	+ -ing
ou :	to keep on	+ -ing

Quelques exemples

7

- His undertaking was doomed from the start, no wonder he failed repeatedly. — *Son entreprise était condamnée d'avance, pas étonnant qu'il ait échoué à plusieurs reprises.*
- The first stage of the programme started in mid-June and was an instant success. — *La première étape du programme a commencé à la mi-juin et a été un succès immédiat.*
- Instead of concentrating on short-term profit, companies should pay attention to long-term investments. — *Au lieu de se concentrer sur les profits à court terme, les entreprises devraient porter leur attention sur les investissements à long terme.*
- She started studying philosophy, and ended up selling cosmetics... — *Elle commença à étudier la philosophie, et finit par vendre des cosmétiques...*

8

- In the course of the 7-hour journey the train stopped 25 times! What a waste of time! — *Au cours de ce voyage de sept heures, le train s'arrêta 25 fois ! Quelle perte de temps !*
- It is high time people realised that this situation cannot go on indefinitely. — *Il est grand temps que les gens comprennent que cette situation ne peut pas se prolonger indéfiniment.*
- Even after his departure things kept on deteriorating. — *Même après son départ, les choses ont continué à se dégrader.*
- You can have an hour's walk as long as you're back home at 7 o'clock sharp. — *Vous pouvez faire une promenade d'une heure pourvu que vous soyez de retour à 7 heures précises.*

19. Place

Niveau 1 / 6

un lieu, un endroit, une place	a place	*att. une place (carrefour urbain)* = a square
la place, l'espace	space, room	*indén. sing.*
une pièce, une chambre	**a** room	*dén.*
en direction de	towards	
au bout de, à l'extrémité de	at the end of	
au dessus (de)	**above**	***pas** de mouvement*
au dessous (de)	under	
en contrebas	below	
passer au dessus, survoler	to fly **over**	*notion de mouvement*
s'en aller	to go **away**	*notion d'éloignement*
ici	here	*Voici... :* Here is...
là	there	*Il y a... :* There is / are...
là-bas	over there	*notion de distance à franchir*
à côté de	beside	
près, proche	near, close	*comp.* nearer, closer ; *superl.* nearest, closest
près de, à proximité de	near, close **to**	
à gauche	**on** the left	
à gauche de	**to** the left of	
à droite	**on** the right	
au milieu (de)	in the middle (of)	*en plein milieu :* right in the middle
être couché, être situé	to lie	I lay, lain ; *intrans.* ; to lie down : *se coucher*
coucher, poser	to lay	I laid, laid ; trans.
être assis	to sit	I sat, sat ; to sit down : *s'asseoir*
venir en Angleterre	to come (over) **to** England	come *implique le rapprochement par rapport à l'endroit où se trouve le locuteur*
aller aux États-Unis	to go **to** the US	go *implique l'éloignement par rapport à l'endroit où se trouve le locuteur*
venir de, être originaire de	to come **from**	
revenir	to come back	
au retour, sur le chemin du retour	on the way back	

Niveau 2 / 6

loin	far	*comparatif :* farther, *superlatif :* farthest ; *ou* further, furthest
lointain	far(-away)	*adj.*
ou :	remote	
une limite	a boundary	
une frontière	a border, a frontier	*att.* frontier *désigne aussi le territoire inexploré*
un pays	a country	
étranger	foreign	*adj.*
un étranger	a foreigner	*d'une autre nationalité*
un étranger, un inconnu	a stranger	
à l'étranger (les pays étrangers)	abroad	*adv.*
un voisin	a neighbour	*adj ;* neighbouring
le voisinage	the neighbourhood	
un endroit, une situation	a location	*att. faux ami*
au lieu de, à la place de	instead of, in lieu of	
la distance, l'éloignement	distance	
partout	everywhere	
n'importe où	anywhere	*att. ne devient négatif que s'il est précédé de* not, never, hardly
nulle part	nowhere	*ou* not…anywhere
quelque part	somewhere	
un appartement	a flat, an a**p**artment	*att. à l'ortho.*
un bâtiment ; un immeuble	a building	
traverser	to cross	
voyager	to travel	

Niveau 3 / 6

de ce côté-ci	**on** this side	*att. à la préposition*
un territoire	a territory	
être chez soi	to be at home	
rentrer chez soi	to go home	*att. pas de prép.*
une maison de plain pied	a bungalow	
un étage	a floor, a storey	
le rez-de-chaussée	the ground floor (GB)	US = first floor
au premier étage	**on** the first floor (GB)	*att. à la prép. ;* US = on the second floor
la maison d'en face	the house opposite	
en avant, vers l'avant	forwards	*adv.*

en arrière, vers l'arrière	backwards	*adv.*
parmi	among	*+ plur.*
à côté d'ici	near here	*près de chez moi* = near my place *ou* near where I live
une banlieue	a suburb	
une colline	a hill	
une vallée	a valley	
un cours d'eau, un courant	a stream	
un saut, un bond	a leap	*sauter :* to leap, I leapt, leapt
un bond en avant	a leap forward	*au propre et au figuré*
un pas	a step	*sens figuré aussi ;* to step : *faire un pas*
entrer dans une pièce	to go / come **into** a room	
ou :	to enter a room	*att. trans. direct, pas de prép.*
bouger	to move	
rester	to stay	
être situé	to be situated	
ou :	to be located	
être debout, se dresser	to stand	I stood, stood
emporter (au loin)	to carry away	*au propre et au figuré*

Quelques exemples

1

- We've just come back from Istanbul. — *Nous revenons tout juste d'Istamboul.*
- On our way back we flew over Greece and Italy. — *Au retour nous avons survolé la Grèce et l'Italie.*
- The place where he lives lies about 20 miles from London. — *L'endroit où il vit se situe à une trentaine de kilomètres de Londres.*
- The British say they have no more room for refugees. — *Les Britanniques disent qu'ils n'ont plus de place pour les réfugiés.*

2

- Even in the 18th century rich Britons loved to travel abroad. — *Même au XVIIIe siècle, les riches Britanniques aimaient voyager à l'étranger.*
- They already had a taste for foreign customs and far-away countries. — *Ils avaient déjà du goût pour les coutumes étrangères et les pays lointains.*
- Today you can travel nearly everywhere in the world and distances have shrunk. — *Aujourd'hui on peut voyager presque partout dans le monde et l'espace s'est contracté.*
- It has become so easy to cross borders and go to neighbouring countries. — *Il est devenu si facile de franchir les frontières et d'aller dans les pays voisins.*

3

- The houses of the rich stood on a hill above the city. — *Les maisons des riches s'élevaient sur une colline qui dominait la ville.*
- Every evening he went back to his ugly bungalow in the suburbs. — *Tous les soirs, il regagnait sa vilaine petite maison de banlieue.*

- He stayed there 30 years and never thought of moving. — *Il y resta 30 ans sans jamais songer à déménager.*
- One day he leapt into the river and was carried away by the stream. — *Un jour il sauta dans la rivière et fut emporté par le courant.*

Niveau 4 / 6

à l'intérieur, dedans	inside	*adv. ou prép.*
à l'extérieur, dehors	outside	*idem*
extérieur	outer	*adj. ;* the outer suburbs = *les banlieues lointaines*
intérieur	inner	*adj ;* the inner city = *le centre ville*
à travers	across	*dans le plan horizontal*
ou :	through	*dans les 3 dimensions*
au niveau de, dans le domaine ***de***	in the field of	*attention à la prép.*
le long de	along	
le bord, la bordure	the edge	
limiter à	to limit to	*une limite :* a limit
l'univers	the universe	
l'espace (l'univers)	space	*pas d'art.*
la conquête de l'espace	the space conquest	
un obstacle	an obstacle	
ou :	a hindrance	to hinder = *gêner*
au bord de, en marge de	on the fringe of	
atteindre	to reach	
à portée (de la main)	within reach	
tout autour (de)	round	
ou :	around	
passer de … à (stades, étapes)	to switch from … to	
en deçà de ; de ce côté de	on this side of	
au-delà de	beyond	
hors de portée	out of reach	
lancer	to launch	*cf. fusée, satellite*
tourner sur soi-même	to revolve	a revolution = *un tour*
fuir (de)	to flee (from)	flight = *la fuite*

Niveau 5 / 6

un itinéraire	a route	
une déviation	a diversion	*att.* deviation *signifie « déviance »…*
un lieu de rencontre	a meeting place	

hors limites	off limits	
ou :	out of bounds	bounds, boundaries : *limites, frontières*
loger, héberger qqn	to put s.o. up	
un abri, un refuge	a shelter	
un havre, un refuge	a haven	
un rang, une rangée	a row	
un quartier, un voisinage	an area, a neighbourhood	
faire demi-tour, se retourner	to turn round	
faire le trajet quotidien	to commute	a commuter : *un banlieusard*
dévier	to divert	
s'installer (entreprise, domicile)	to settle	
une résidence secondaire	a second home	
trouver un logement	to find a place to live	
le logement	housing	*au sens statistique*
quitter, partir	to leave	I left, left ; *trans. ou intrans.*
déménager	to move (out)	
emménager (dans un lieu)	to move (**into** a place)	
ranger (affaires)	to put (things) **away**	
s'échapper	to get **away**	
chasser, mettre à la porte	to throw out	
expulser	to evict	

Niveau 6 / 6

dans ce pays, ici	in **this** country	*ici,* this *ne peut désigner que le pays où l'on est*
la terre, les terres	land	*cf. natale, ancestrale ou terres possédées*
la patrie	the fatherland	
le lieu de naissance	the birthplace	
(ne pas) avoir accès à	(not) to have access **to**	*au propre et au figuré*
une sortie, une issue	an exit	*att. l'issue du conflit* = the outcome of the conflict
un point de repère	a landmark	
un coin, un lieu	a spot	
une étape	a stage	*au propre et au figuré*
les racines	roots	*au propre et au figuré*
dès le départ	from the start	
laisser des traces	to leave footprints, fingerprints	*traces de pas, empreintes digitales*

une barrière	a fence	to sit on the fence : *être indécis*
à deux pas d'ici	round the corner	
l'arrière-cour	the back yard	*au propre et au figuré*
un couloir (passage, chemin)	a corridor	
mener	to lead	I led, led
s'égarer, se fourvoyer	to get lost	to lose, I lost, lost
(se) cacher	to hide	I hid, hidden
repérer	to spot	
localiser	to locate	
rétrécir	to shrink	I shrank, shrunk ; a shrinking world : *un monde qui rétrécit*
le village planétaire	the global village	
à vol d'oiseau	as the crow flies	

Quelques exemples

4

- He walked across deserts and through jungles in his flight from China.
  À pied, il traversa déserts et jungles, dans sa fuite de Chine.
- The earth turns around the sun while revolving on its axis.
  La terre décrit une orbite autour du soleil tout en tournant sur elle-même.
- For Kennedy space was to be the New Frontier.
  Pour Kennedy, l'espace devait être le nouveau territoire à conquérir.
- Mars long seemed to be out of man's reach; it no longer is.
  Pendant longtemps Mars sembla hors de portée des humains ; mais ce n'est plus le cas.

5

- They commute to work every morning and drive back home late at night.
  Tous les matins ils font le trajet jusqu'au travail et rentrent tard le soir au volant de leur voiture.
- They live in those sad neighbourhoods with endless rows of identical houses.
  Ils vivent dans ces tristes quartiers aux rangées interminables de maisons identiques.
- No wonder they try to get away from it all at the slightest opportunity.
  Pas étonnant qu'ils essayent d'échapper à tout cela à la moindre occasion.
- I wonder whether he left of his own accord or whether he was evicted.
  Je me demande s'il est parti de son propre chef ou s'il a été expulsé.

6

- Like many others he cherished his birthplace, where he had his roots.
  Comme beaucoup d'autres, il chérissait son lieu de naissance, là où il avait ses racines.
- From the start of the very first stage he knew that he was going to lose the race.
  Dès le départ de la toute première étape, il savait qu'il allait perdre la course.
- There were gigantic footprints in the snow leading to the spot where the monster was hiding.
  Il y avait des pas gigantesques dans la neige, menant à l'endroit où le monstre se cachait.
- Every good US President must speak of his country as a "land of opportunity" in every speech he makes.
  Tout bon Président des USA, doit, dans chacun de ses discours, parler de son pays comme d'une « terre où chacun a sa chance de réussir ».

20. Work

Niveau 1 / 8

le travail	work	*sing. indén.*
un travail, un emploi	a job	jobless : *sans emploi*
un ouvrier	a worker, a workman	*plur.* workm**e**n
un salaire	a salary	
la paye	wages	
un collègue	a colleague	
l'industrie	industry	*pas d'art.*
un métier	a trade	
une profession	an occupation	
les professions libérales	the professions	
le bureau	the office	*lieu*
un bureau	a desk	*table*
le bureau	the study	*pièce de la maison*
une usine	a factory, a plant	
une entreprise	a firm	enterprise = *le fait d'entreprendre*
sale	dirty	
simple	simple	
ou :	straightforward	
répétitif	repetitive	
ennuyeux	boring	*l'ennui* = boredom
fatigant	tiring	*la fatigue* = tiredness
épuisant	exhausting	*l'épuisement* = exhaustion
efficace	efficient	*l'efficacité :* efficiency
chercher un emploi	to look for a job	
travailler dur	to work hard	*travailleur (adj.) :* hard-working
gagner de l'argent	to earn money	*et non* to win
gagner sa vie	to earn one's living	*att. décliner ;* my, your, his *etc.*

Niveau 2 / 8

l'emploi	employment	*sing. indén.*
le marché de l'emploi	the job market	
le bureau	the office	*lieu de travail*
un atelier	a workshop	
un outil	a tool	*une machine-outil :* a machine-tool

la mécanique	engineering	an engineering school : *une école d'ingénieurs*
le temps, les horaires de travail	working hours	
l'horaire souple	flexitime	
la semaine de travail	the working week	
la production	the output	
le rendement	the yield	
un patron	a boss	
le personnel	the staff	*att. s'accorde souvent au plur.*
entreprendre	to undertake	I undertook, undertaken
un entrepreneur	an entrepreneur	*att. :* undertaker = *entrepreneur des pompes funèbres*
monter une affaire	to set up in business	
être au chômage	to be unemployed	
un chômeur	an unemployed worker	*des chômeurs :* unemployed people
les chômeurs	the unemployed	*plur. générique : adj. substantivé*
le chômage	unemployment	*indén. sing.*
le taux de chômage	the unemployment rate	
gérer, diriger	to manage	
ou :	to run	
produire	to produce	*un produit* = a product
maîtriser	to master	
rechercher du travail	to seek employment	to seek, I sought, sought
travailler dur, peiner	to toil, to labour	
moderniser	to modernise	
rationaliser	to rationalize	
faire fonctionner	to operate	*cf. une machine*

Niveau 3 / 8

un employeur	an employer	
un salarié, un employé	an employee	
un candidat, un postulant	an applicant	
employer qqn	to employ s.o.	
postuler pour un emploi	to apply **for** a job	
embaucher	to hire	*mot à mot : louer*
la main-d'oeuvre	labour	*au sens de travail*
la main-d'œuvre	the labour force	*au sens des travailleurs*
faire un travail	to **do** a job	*et non* to make

faire du travail	to **do** some work	*att.* work *est indén. sing.*
une grève	a strike	
un gréviste	a striker	
faire la grève	to strike, to go **on** strike	I struck, struck ; *autre sens : frapper*
un conflit social	an industrial dispute	
exploiter	to sweat	
	ou : to exploit	
licencier	to lay off	
être licencié	to be laid off	
	ou : to be made redundant	
un licenciement	a lay-off	
congédier, limoger	to dismiss	
mettre à la porte	to fire	
	ou : to sack	*att. familier*
l'allocation chômage	the dole	
être au chômage	to be on the dole	
l'agence pour l'emploi	the job centre	
la retraite	retirement	*au sens de cessation d'activité*
partir en retraite	to retire	
la retraite, la pension	pension	
un retraité	a pensioner	

Quelques exemples

1

- Factory work tends to be boring and repetitive. — *Le travail en usine tend a être ennuyeux et répétitif.*
- He's been looking for a job since he left school. — *Il cherche un emploi depuis qu'il a quitté l'école.*
- Japanese workers are said to work harder than French ones. — *On dit que les ouvriers japonais travaillent plus dur que les Français.*
- Africans come to work in European firms where wages are higher. — *Les Africains viennent travailler dans les usines d'Europe où la paye est meilleure.*

2

- The staff find it hard to operate these new machine-tools. — *Le personnel a du mal à faire fonctionner ces nouvelles machines outils.*
- Job seekers should be encouraged to set up in business. — *On devrait encourager les demandeurs d'emploi à fonder leur entreprise.*
- Managing a plant also means modernising and rationalising. — *Diriger une usine signifie aussi moderniser et rationaliser.*
- When they have mastered the necessary skills, the yield will be better. — *Quand ils auront maîtrisé les compétences nécessaires, le rendement sera meilleur.*

3

- I wonder how they manage to survive on the dole. — *Je me demande comment ils arrivent à survivre avec leur allocation chômage.*
- 200 people applied for the job, and only 10 were hired. — *200 personnes ont postulé pour cet emploi et seuls 10 ont été engagés.*
- Bosses would like to have the right to hire and fire as they wish. — *Les patrons voudraient avoir le droit d'embaucher et de licencier à volonté.*
- Why should all industrial disputes end in strikes? — *Pourquoi tous les conflits sociaux se termineraient-ils en grèves ?*

Niveau 4 / 8

un col blanc	a white-collar (worker)	a blue-collar : *un travailleur manuel*
une serviette, un cartable	a briefcase	
un employé de bureau	a clerk	[kla :k]
la paperasserie	the red tape	
ou :	the paperwork	
un RDV (professionnel / médical)	an appointment	*avoir RDV :* to have an appointment
le travail d'équipe	teamwork	*sing. ;* a team : *une équipe*
une tâche	a task	
utile	useful	useless : *inutile*
paresseux	lazy	*la paresse :* laziness
un travail bien rémunéré	a well-paid job	
une augmentation de salaire	a payrise	a rise (GB), a raise (US) : *une augmentation*
le smic	the minimum wage	
le droit au travail	the right to work	
un syndicat	a trade union (GB), a labor union (US)	
être ambitieux	to be ambitious	
les chances de succès	the chances to succeed	
les conditions de travail	the work**ing** conditions	*plur.*
le tertiaire	services	*plur.*
to design	concevoir	
to fit	ajuster	
to assign a task	assigner une tâche	an assignment : *une mission, une tâche*
prévoir, planifier	to plan	
parvenir (à faire)	to manage (to do)	
ou :	to succeed (**in** doing)	*att. à la construction*
faire face, s'en tirer	to cope	with smthg
dessiner, faire les plans	to draught, to draft	
servir qqn (cf. serviteur)	to wait **on** s.o.	*att. à la construction*

servir (un plat)	to serve
se servir	to help oneself

Niveau 5 / 8

la formation professionnelle	vocational training	*indén. sing.*
la formation continue	further training	*idem*
un ouvrier spécialisé (OS)	a semi-skilled worker	
un ouvrier qualifié	a skilled worker	unskilled = *non qualifié*
une qualification, une capacité	a skill	
un poste de travail	a workstation	
travailler à la chaîne	to work on the line	*la chaîne de montage :* the assembly line
la cadence	the pace	
un cadre supérieur	an executive	
le PDG	the chairman (of the board)	*cf. aussi* CEO (Chief Executive Officer)
un administrateur	a director	
le directoire	the board of directors	*ou : Conseil d'Administration*
un directeur	a manager	
un ingénieur	an engineer	*att. à l'ortho.*
un contremaître	a foreman	
le savoir-faire	the know-how	
intense, fiévreux	hectic	
complexe, compliqué	elaborate, sophisticated	
négligent	slack	
pointer	to clock in / out	*à l'entrée / à la sortie*
nommer	to appoint	*une nomination* = an appointment
conseiller	to advise	
des conseils	advice	*att. sing. indén.*
estimer, évaluer	to assess	
calculer	to reckon	
esquiver, éviter	to dodge	
démissionner	to resign	*la démission* = resignation
résilier un contrat	to terminate a contract	
concurrencer	to compete	
la concurrence	competition	
une concurrence féroce	a fierce competition	

Niveau 6 / 8

une branche d'industrie	an industrial sector, an industry	
faire des heures supplémentaires	to work overtime	*les heures supplémentaires* = overtime work
la semaine de 35 heures	the 35-hour working week	*att.* hour *est invariable, car en position d'adj.*
la semaine de quatre jours	the four-day week	*idem*
la charge de travail	the workload	to load : *charger*
une réduction du personnel	a staff cut	
changer de travail	to change jobs	*att. plur.*
se syndiquer	to join a union	
une revendication	a claim	to claim = *prétendre* ; to claim for = *revendiquer*
une réunion	a meeting	*se réunir* : to meet
un délégué (syndical)	a shop steward	
organiser une manifestation	to stage a demonstration	*mot à mot : mettre en scène*
un briseur de grève, un jaune	a scab, a blackleg	
un accord	an agreement	to agree : *s'entendre, être d'accord*
conclure un accord	to reach an agreement	
les PME	small and medium-sized firms	
assainir une entreprise	to streamline a firm	*mot à mot : rendre aérodynamique*
le renouvellement du personnel	staff turnover	
(in)supportable	(un)bearable	to bear, I bore, borne = *porter, supporter*
privatiser	to privatise, to denationalise	
nationaliser	to nationalise	

Quelques exemples

4

- They complain that their working conditions are getting worse. — *Ils se plaignent que leurs conditions de travail empirent.*
- We find it hard to cope with all the red tape. — *Nous avons du mal à faire face à toute la paperasserie.*
- He managed to get himself a well-paid job. — *Il a réussi à se trouver un emploi bien rémunéré.*
- Trade Unions did not succeed in getting a payrise. — *Les syndicats ne sont pas parvenus à obtenir une augmentation des salaires.*

5

- Slack workers always manage to dodge boring tasks. — *Les ouvriers peu consciencieux arrivent toujours à éviter les tâches rebutantes.*
- This new hi-tech plant only hires skilled workers who have a lot of know-how. — *Cette nouvelle usine ne recrute que des ouvriers qualifiés qui ont beaucoup de savoir-faire.*
- He resigned for he could no longer bear the hectic pace of the line. — *Il a démissionné car il ne pouvait plus supporter les cadences effrénées de la chaîne.*
- Further training should also apply to some of our managers… — *La formation continue devrait aussi s'appliquer à certains de nos directeurs…*

6

- Railwaymen staged demonstrations to protest against privatisation. — *Les cheminots organisèrent des manifestations pour protester contre la dénationalisation.*
- Whether the 35-hour week has created jobs remains to be seen. — *Il reste à voir si la semaine de 35 heures a créé des emplois.*
- Many small or medium-sized firms would rather resort to overtime work. — *Beaucoup de PME préféreraient avoir recours aux heures supplémentaires.*
- They have a quick staff turnover because of the unbearable workload. — *Ils ont un renouvellement rapide du personnel du fait de l'insupportable charge de travail.*

Niveau 7 / 8

un salarié	a wage earner	
(pendant) les jours ouvrables	on weekdays	
une journée de travail	a day's work	
être de service	to be on duty	*par opposition à* to be off duty
travailler à plein-temps	to work full-time	
travailler à temps partiel	to work part-time	
un emploi à temps partiel	a part-time job	
un atelier	a workshop	
un atelier clandestin	a sweatshop	
le travail au noir	moonlighting	*sing. indén. ; mot à mot : travailler au clair de lune*
un travailleur au noir	a moonlighter	
faire des petits boulots	to do odd jobs	
un travailleur intermittent	an occasional worker	
ou :	a casual worker	
un emploi subalterne	a menial job	
travailler à la maison	to work **from** home	*cf.* teleworking : *le télétravail*
le ménage, les tâches ménagères	housework	homework : *les devoirs*
une corvée	a chore	*les corvées ménagères :* household chores

gratifiant	rewarding	to reward = *récompenser*
fastidieux	tedious	
éreintant	back-breaking	back = *le dos*
faire la navette journalière	to commute	*de la maison au travail*
l'organisation patronale	the CBI (Confederation of British Industry)	
les partenaires sociaux	the two sides of industry	

Niveau 8 / 8

Offres d'emploi	Situations vacant	
un demandeur d'emploi	a job seeker	
travailler à son compte	to be self employed	
la clé du succès	the key **to** success	*att. à la prép.*
la protection sociale	welfare	*sing. indén.*
l'offre et la demande	supply and demand	
une part de marché	a market share	
une société anonyme, une compagnie	a company	
ou :	a corporation (US)	corporate *(adj.) : qui a trait à l'entreprise*
une action	a share	
les avoirs, l'actif	the assets	an asset = *un plus, un atout*
le passif	liabilities	a liability = *un poids mort*
des perspectives de carrière	career prospects	
un carriériste, un arriviste	a go-getter	
une sinécure	a cushy job	
la foire d'empoigne	the rat race	
la retraite anticipée	early retirement	
dynamique	energetic	
un bourreau de travail	a workaholic	work + alcoholic
restructurer	to overhaul	
informatiser	to computerise	*l'informatique* = computing, information technology
automatiser	to automate	
un emploi administratif	a clerical job	*cf.* clerk *(employé de bureau)*
un travail d'encadrement	a managerial task	
réduire le personnel	to trim the staff	to trim = *tailler, élaguer*
parler boulot	to talk shop	shop = workshop *(atelier)*
travailler sans relâche	to keep one's nose to the grindstone	grindstone = *la meule*
mettre des bâtons dans les roues (du sable dans l'engrenage)	to put a spanner in the works	*mot à mot : une clé dans les rouages*

Quelques exemples

7

- He prefers doing odd jobs to being a regular wage-earner. — *Il aime mieux faire des petits boulots que d'être un salarié comme les autres.*
- Many women would rather go to the office than work from home. — *Beaucoup de femmes préfèrent aller au bureau que de pratiquer le télétravail.*
- Commuting to work every day can become the most tedious of chores. — *Faire la navette journalière du domicile au travail peut devenir la plus fastidieuse des corvées.*
- In Third-World sweatshops children are compelled to do back-breaking work in appalling conditions. — *Dans les ateliers du tiers-monde, des enfants sont contraints d'effectuer des travaux éreintants dans des conditions effroyables.*

8

- He could no longer stand the rat race and filed for early retirement. — *Il ne pouvait plus supporter la foire d'empoigne et a demandé sa retraite anticipée.*
- The foreman accused the shop steward of putting a spanner in the works. — *Le contremaître a accusé le délégué syndical de lui mettre des bâtons dans les roues.*
- As the management has decided to overhaul and trim the staff, some of us will soon be job seekers. — *Puisque la direction a décidé de rationaliser et de réduire le personnel, certains d'entre nous seront bientôt demandeurs d'emploi.*
- Rather than assets some workaholics may prove to be liabilities for the company. — *Plutôt que des atouts, certains bourreaux de travail peuvent se révéler être des poids morts pour la société.*

21. The Economy

Niveau 1 / 5

l'économie d'un pays	the economy of a country	
économique	economic	*qui a trait à l'économie ; n.p.c. avec* economical *(= peu cher, économique)*
l'économie (science)	economics	*sing. indén. ; pas d'art.*
faire des économies	to save money	
les économies	savings	*cf. l'épargne*
un économiste	an economist	
le marché	the market	
le marché mondial	the global market	*le monde :* the world
fabriquer	to make	I made, made
ou :	to manufacture	
la production	production	*sens général*
la production d'une usine	the output of a factory	
augmenter, monter	to rise	I rose, risen ; *intrans.*
(faire) augmenter, donner un coup de pouce	to raise	*régulier, trans.*
réduire	to reduce	
ou :	to cut	I cut, cut
chuter, décroître	to fall	fell, fallen
un produit	a product	
des produits agricoles	agricultural produce	*sing. indén.*
la rentabilité	profitability	*sing. indén.*
rentable	profitable	
l'acheteur	the buyer	
le vendeur	the seller	*sens général ; n.p.c. avec* salesman : *vendeur en magasin*
les importations	imports	*importer :* to import
l'exportation	exports	*exporter :* to export
être en expansion	to expand	
faire passer en fraude	to smuggle	*un contrebandier :* a smuggler
la contrebande	smuggling	

Niveau 2 / 5

des marchandises	goods	*toujours plur.*
un article	an item	
produire	to produce	
ou :	to turn out	*notion de grandes quantités*

coûter	to cost	I cost, cost ; *le coût :* the cost
la production de masse	mass production	mass produced : *produit en grande série*
lancer (un produit)	to launch	
une entreprise	a firm, a concern	
une société	a company, a corporation (US)	
la libre entreprise	free enterprise	*sing. indén.*
le(s) profit(s), le gain	profit	
la marge de profit	the profit margin	
faire des affaires	to **do** business	
un homme d'affaires	a businessman	*plur.* businessmen ; *fém.* businesswoman
le monde des affaires	the business world	*milieux d'affaires :* business circles
traiter (avec)	to deal (with)	I dealt, dealt
faire le commerce de qqch.	to deal in smthg	*des armes, de la drogue...*
ou :	to trade in smthg	
troquer	to barter	
le commerce	commerce, trade	*sing.*
commercialement	commercial(ly)	*att. redoublement du -l dans l'adv.*
un contrat	a contract	
le commerce des armes	arms trade	*att.* arms *est au plur.*
le commerce de la drogue	drug dealing	
négocier	to negotiate	
servir un client	to serve a customer	
l'impôt sur le revenu	income tax	
faire faillite	to go bankrupt	*une faillite :* a bankruptcy

Niveau 3 / 5

l'offre et la demande	supply and demand	to supply : *fournir*
la conjoncture actuelle	the present situation / cir**cum**stances	*attention à l'ortho.*
doper, relancer (économie)	to boost	
le commerce extérieur	foreign trade	foreign = *étranger*
le commerce intérieur	domestic trade	*sing. indén.*
le libéralisme	liberalism	*sing. indén.*
le capitalisme	capitalism	*sing. indén.*
une économie de marché	a market economy	
les impératifs du marché	market forces	
une économie planifiée	a planned economy	
la croissance économique	economic growth	

un partenaire commercial	a trading partner	
le tertiaire	(the) services	
une action	a share	*cf. une part*
un actionnaire	a shareholder	
la bourse	the Stock Exchange	
une perte	a loss	*cf.* to lose, I lost, lost *(perdre)*
une chute	a drop	
être en déficit	to show a deficit	
une crise	a crisis	*plur.* crises
ou :	a slump	
la récession	recession	
reculer, être en baisse	to decline	
être en chute libre	to plummet	
prendre son essor	to soar	
mal en point, malade	ailing	*pour une entreprise ou pour une personne*
impitoyable	merciless	mercy : *la pitié*
ou :	ruthless	*impitoyablement :* ruthlessly
traverser une crise	to go through a crisis	
le taux d'intérêt	the interest rate	
une monnaie	a currency	*n.p.c. avec* change *(la petite monnaie)*
le taux de change	the rate of exchange	

Quelques exemples

1

- Global markets compel our factories to raise their production. — *Les marchés mondiaux contraignent nos usines à accroitre leur production.*
- Western countries mainly export expensive manufactured goods. — *Les pays de l'ouest exportent surtout des produits manufacturés coûteux.*
- Third World countries can only sell cheap agricultural produce. — *Les pays du tiers-monde ne peuvent vendre que des produits agricoles bon marché.*
- In the 20s the mob smuggled into the US a lot of alcohol made in Canada. — *Dans les années 20, la mafia introduisait en fraude aux USA beaucoup d'alcool fait au Canada.*

2

- -Can I help you?
  -I'm being served, thank you. — *-Puis-je vous aider ?*
  -On s'occupe de moi, merci.
- Drug dealing has always been extremely profitable. — *Le commerce de la drogue a toujours été extrêmement rentable.*
- The profit margins on these items are very narrow. — *Les marges bénéficiaires sur ces articles sont très étroites.*
- Doing business also implies that you always risk going bankrupt. — *Faire des affaires implique aussi qu'on risque toujours de faire faillite.*

3

- The government contemplates cutting income tax to boost the economy. — *Le gouvernement envisage de baisser l'impôt sur le revenu pour relancer l'économie.*
- Services, particularly tourism, remain the only growth industries. — *Le tertiaire, en particulier le tourisme demeurent les seules activités en expansion.*
- In 1929 shares plummeted abruptly and shareholders faced huge losses. — *En 1929, les actions chutèrent brusquement et les actionnaires firent des pertes énormes.*
- The market economy is merciless for ailing companies. — *L'économie de marché est impitoyable pour les compagnies malades.*
- Low interest rates should help firms get through the crisis. — *Des taux d'intérêt réduits devraient aider les entreprises à traverser la crise.*

Niveau 4 / 5

la performance, le rendement	the yield	*personnes, entreprises, machines*
performant	efficient	
un revenu	an income	
le revenu par tête d'habitant	per capita income	
la concurrence ; les concurrents	competition	*sens abstrait ou concret*
concurrentiel, compétitif	competitive	
un concurrent	a competitor	
s'attaquer à	to tackle	
un défi	a challenge	*défier :* to challenge
être en retard	to lag (behind)	*dans le domaine économique, scientifique etc.*
rattraper le retard	to catch up (with)	
se maintenir au niveau de	to keep up with	
investir	to invest	
un investissement	an investment	*att. à l'ortho.*
un bien, une denrée	a commodity	
les matières premières	raw materials	
la main d'œuvre	labour	
embaucher	to hire	*autre sens : louer*
licencier	to lay off	*des licenciements :* lay-offs
congédier, mettre à la porte	to dismiss; to fire	
un syndicat	a trade union, a labor union (US)	*un syndicaliste :* a trade unionist
le chiffre d'affaires	the turnover	
un chiffre d'affaires en progression	a rising turnover	to rise, I rose, risen : *monter, progresser*
un excédent	a surplus	*excédentaire :* surplus *(adj.)*
une filiale	a subsidiary	
une succursale	a branch	

une fusion	a merger	to merge : *fusionner*
une coentreprise, un projet commun	a joint venture	

Niveau 5 / 5

la prospérité	prosperity	*adj.* prosperous
ou :	affluence	*adj.* affluent
les pays développés	developed countries	*le développement :* development
sous-développé	underdeveloped	
les pays en voie de développement	developing countries	
le tiers-monde	the Third World	*cf.* third-world countries
les pays occidentaux	Western countries	
un atelier	a workshop	
exploiter (la main d'œuvre)	to sweat	*trans. direct ; autre sens : suer (intrans)*
ou :	to exploit	
corrompu	corrupt	*corrompre :* to corrupt
blanchir de l'argent (sale)	to launder money	*le blanchiment d'argent :* money laundering
un atelier clandestin	a sweatshop	*atelier où les gens sont exploités*
(se) délocaliser à l'étranger	to relocate abroad	
être licencié pour raisons économiques	to be made redundant	*un licenciement économique :* a redundancy
vivre sous le seuil de pauvreté	to live **below** the poverty line	*att. à la prép.*
un sous-traitant	a subcontractor	
la mondialisation	globalisation	
une part de marché	a market share	
un débouché	an outlet	
un créneau	a niche	
les produits manufacturés	manufactured goods	
le produit national brut (PNB)	the Gross National Product (GNP)	
le produit intérieur brut (PIB)	the Gross Domestic Product (GDP)	
la balance commerciale	the balance of trade	
le bilan	the balance sheet	
les avoirs, l'actif	the assets	an asset : *un atout*
le passif	the liabilities	a liability : *un poids, une tare*
le secteur privé	the private sector	

le secteur public	the public sector
dénationaliser, privatiser	to privatize
une entreprise publique	a state-owned company

Quelques exemples

4

- We shall have to raise our yield to keep up with our competitors. — *Nous devrons augmenter notre rendement pour nous maintenir au niveau de nos concurrents.*
- Raw materials do not cost a lot but labour does. — *Ce ne sont pas les matières premières qui coûtent cher mais la main d'œuvre.*
- Thanks to its German and British subsidiaries the company is well established in European markets. — *Grâce à ses filiales allemande et anglaise, la société est bien implantée sur les marchés européens.*
- We are lagging behind in the hi-tech field, where we must pick up the Asian challenge. — *Nous avons du retard dans le domaine de la haute technologie, où il nous faut relever le défi asiatique.*
- This merger will allow the firm to lay people off and to save money... — *Cette fusion permettra à l'entreprise de licencier du personnel et de faire des économies...*
- Bosses clashed with the trade unions when they claimed the right to hire and fire. — *Les patrons se sont heurtés aux syndicats en revendiquant le droit d'embaucher et de licencier.*

5

- Most of the workers were made redundant when the firm relocated in Morocco. — *La plupart des ouvriers furent licenciés quand l'entreprise délocalisa au Maroc.*
- Thanks to its subcontractors in Asia the company makes considerable profit. — *Grâce à ses sous-traitants asiatiques, la société fait des bénéfices considérables.*
- Twelve-year-old children are said to work in those sweatshops. — *On dit que des enfants de douze ans sont exploités dans ces ateliers.*
- The GDP per head of Sweden is about 100 times higher than the one of some developing countries. — *Le PIB par tête de la Suède est à peu près cent fois plus élevé que celui de certains pays en développement.*
- Money laundering enables this small European principality to enjoy great prosperity. — *Le blanchiment de l'argent sale permet à cette petite principauté européenne de jouir d'une grande prospérité.*

22. Consumption

Niveau 1 / 6

la consommation	consumption	*sing. indén. ; pas d'art.*
consommer	to consume	
un consommateur	a consumer	
les biens de consommation	consumer goods	*att. dans ce type de séquence, ne pas employer* consumption
la société de consommation	the consumer society	
une affaire, un marché	a deal	*faire affaire :* to strike a deal
traiter avec	to deal with	*autre sens : porter sur (cf. texte)*
acheter	to buy	I bought, bought
ou :	to purchase	
acheter qqch. à qqn	to buy smthg **from** s.o.	*si la personne (s.o.) vous vend qqch.*
ou :	to buy s.o. smthg	*si vous offrez qqch. à la personne*
un achat, une acquisition	a purchase	
un acheteur	a buyer	
le pouvoir d'achat	the purchasing power	
faire les courses	to go shopping	
vendre	to sell	*I sold, sold*
une vente	a sale	
un vendeur	a salesman	
une vendeuse (boutique)	a shop assistant	
payer	to pay	
payer un article	to pay **for** an item	*att.* **for** *introduit l'objet ou le service obtenu en échange du paiement*
une facture	a bill	
cher	expensive	
ou :	dear	*compar.* dearer ; *superl.* dearest
bon marché	cheap	
avoir besoin de qqch.	to need smthg	*att. trans. direct*
dépenser de l'argent pour la nourriture	to spend money **on** food	to spend, I spent, spent ; *att. à la construction*

Niveau 2 / 6

choisir	to choose	I chose, chosen
avoir le choix	to have **a** choice	
peu cher	inexpensive	
économique, qui coûte peu	economical	
attrayant	attractive	to attract : *attirer*
la publicité	advertising	*sing. indén.*
faire de la publicité	to advertise	*trans. direct*
une pub(licité), une réclame	an advertisement, an advert	
un vecteur publicitaire	an advertising medium	*plur.* media
un (petit) commerçant, un boutiquier	a shopkeeper	
le commerce	trade	
les commerçants (négociants)	tradespeople	*un commerçant :* a tradesman
la demande	(the) demand	*cf.* supply and demand ; *l'offre et la demande*
fournir	to supply	
un client	a customer	
la clientèle	custom	*sing. indén.*
un grand magasin	a store	
un supermarché	a supermarket	
un (petit) magasin, une boutique	a shop	
un étal de marché	a market stall	
le loyer	the rent	
louer 1. sens : donner en location	to let	*I let, let*
2. sens : prendre en location	to rent	
prêter qqch. à qqn	to lend s.o. smthg	to lend, I lent, lent
emprunter qqch. à qqn	to borrow smthg **from** s.o.	*attention à la construction*
marchander	to bargain	
regarder en flânant	to browse	

Niveau 3 / 6

baisser les prix	to reduce prices, to cut prices	to cut, I cut, cut
les prix baissent	prices are falling	
augmenter les prix	to **raise** prices	to raise, I raised, raised ; *trans. ; régulier*
les prix augmentent	prices **rise / are rising**	to rise, I rose, risen ; *intrans., irrégulier*

un rabais	a rebate	
ou :	a discount	
accorder	to grant	
faire des bénéfices	to **make** profit	
rentable	profitable	
un représentant (d'une entreprise)	a commercial traveller, a travelling salesman	
un client	a customer	*la clientèle :* custom
conseiller qqn	to advise	
le conseil, l'avis	advice	*att. à l'ortho. ; sing. indén.*
un conseil	a piece of advice	
conseiller à qqn de faire qqch.	to advise s.o. to do smthg	
considérable	significant	
résistant	resilient	
commander (produits)	to order (goods)	
une commande (de produits)	an order	
passer une commande	to **place** an order	
faire payer qqn	to charge s.o.	
devoir (de l'argent)	to owe (money)	
contracter des dettes, s'endetter	to run into debt	
une grosse somme, une somme importante	a **large** sum of money	*ne pas employer* important *dans ce sens*
significatif, considérable	significant	
un reçu, un ticket de caisse	a receipt	

Quelques exemples

1

- Our consumer society encourages us to purchase a number of useless goods. — *Notre société de consommation nous encourage à acheter nombre de biens inutiles.*
- How much did Roland pay for these smart shoes? — *Combien Roland a-t-il payé pour ces élégantes chaussures ?*
- He bought a lot of expensive items but sometimes forgot to pay the bills. — *Il achetait beaucoup d'articles chers, mais oubliait parfois de payer les factures.*
- Westerners spend more money on their cars than on their food. — *Les Occidentaux dépensent plus pour leurs voitures que pour leur nourriture.*

2

- They use every possible medium to advertise their new models. — *Ils utilisent tous les vecteurs possibles pour faire la promotion de leurs nouveaux modèles.*
- Buying vegetables from market stalls is more attractive than shopping in supermarkets. — *Acheter des légumes aux étals de marchés est plus attrayant que faire ses courses au supermarché.*
- He had to borrow money from his friends to pay his rent. — *Il dut emprunter de l'argent à ses amis pour payer son loyer.*

• Shopkeepers complain that people just browse without buying anything.	*Les commerçants se plaignent que les gens ne font que regarder sans acheter.*

3

• Many tradespeople were accused of raising prices when we switched to the Euro.	*Beaucoup de commerçants ont été accusés d'augmenter les prix quand nous sommes passés à l'Euro.*
• As we are good customers, the salesman granted us a significant discount.	*Comme nous sommes bons clients, le vendeur nous a consenti un rabais considérable.*
• The plumber charged us too large a sum of money for such a simple job.	*Le plombier nous a fait payer trop cher pour un travail si simple.*
• I was advised to choose the expensive model, as it should prove more resilient.	*On m'a conseillé de choisir le modèle haut de gamme, car il devrait se révéler plus résistant.*

Niveau 4 / 6

le crédit	credit, hire-purchase	to hire ; *louer (véhicule, objet non immobilier)*
un centre commercial	a shopping mall	
acheter à crédit	to buy **on** credit	
un crédit immobilier	a mortgage	*cf. une hypothèque*
une mensualité	a (monthly) instalment	
le luxe	luxury	*sing. ; employé souvent sans article*
des produits de luxe	luxury goods	*n.p.c. avec* luxurious *(= somptueux)*
coûter	to cost	I cost, cost
coûteux	costly	
les habitudes de consommation	consumer habits	*plur.*
jeter l'argent par la fenêtre	to squander money	
superflu	superfluous	
attrayant	attractive	
alléchant	tempting	
incroyable	incredible	
une vitrine, une devanture	a shop-window	
un étalage	a (window) display	
faire du lèche-vitrine	to go window-shopping	
exposer, afficher	to display	*être exposé :* to be on display
séduire les acheteurs	to lure buyers	
inciter, pousser qqn à acheter	to talk s.o. **into** buying	
dissuader qqn d'acheter	to talk s.o. **out of** buying	
encourager la consommation	to boost consumption	
faire la queue	to queue up	
vivre au-dessus de ses moyens	to live beyond one's means	

Niveau 5 / 6

une association de consommateurs	a consumer group	
le battage publicitaire	hype	*sing. indén.*
une frénésie d'achat	a spending spree	
des soldes	a sale	
le crédit à la consommation	consumer credit	
avoir le sens des affaires	to have business flair	
Les affaires sont les affaires.	business is business	*sing.*
le(s) bénéfice(s)	profit	*au sens financier ; n.p.c ; avec* benefit *(avantage etc.)*
le chiffre d'affaires	the turnover	
tirer profit de	to cash in on	
le rapport qualité-prix	the value for money	
des articles de bonne qualité	(good-)quality products	*inversement :* poor-quality items *(des articles de piètre qualité)*
durer	to last	
mal fait, de mauvaise qualité	shoddy	*cf. la camelote*
un escroc	a crook	
l'inflation	inflation	*sing. indén.*
le taux d'inflation	the rate of inflation	
régler une facture	to settle a bill	*parfois* to foot a bill
une facture détaillée	an invoice	*plus officielle et circonstanciée que* bill
dispendieux	extravagant	
être dépensier	to be **a** spendthrift	*att. nom*
prodigue	profligate	
économe	thrifty	
un cadeau	a gift	
généreux	generous	
inestimable	invaluable	
parrainer	to sponsor	*cf.* a sponsor

Niveau 6 / 6

une foire	a fair	
casser les prix	to slash prices	to slash : *lacérer*
le commerce de détail	retail trade	*sing.*
le commerce de gros	wholesale trade	*sing. ;* a wholesaler = *un grossiste*
acheter en gros	to buy in bulk	

un intermédiaire	a middleman	*plur.* middlemen
une affaire	a bargain	
une étiquette	a label	*descriptive du produit*
une étiquette de prix	a price tag	
une marque	a brand	
l'image de marque	the brand image	
la date de péremption	the sell-by date	
l'indice des prix	the price index	
la vente par correspondance	mail order business	*une société de vente par correspondance :* a mail order company
une garantie	a guarantee, a warranty	*garantir :* to guarantee
les appareils ménagers	household appliances	
les normes de sécurité	safety standards	
une réglementation	regulations	*en général plur.*
le commerce électronique	electronic / Internet shopping	
un magasin d'usine	a factory outlet	outlet = *point de vente, débouché*
un consommateur acharné	a shopaholic	*cf.* alcoholic, workaholic
une liquidation	a clearance sale	
vendre à perte	to sell at a loss	*att. perdre :* to lose, I lost, lost
ou :	to dump	*autre sens : jeter, se débarrasser de*
le commerce équitable	fair trade	
tirer un revenu	to eke out a living	*implique la difficulté*

Quelques exemples

4

- When they buy on credit, people tend to place orders for superfluous items. — *Quand ils achètent à crédit, les gens ont tendance à passer commande pour des articles superflus.*
- She loves going window shopping in Paris once in a while. — *Elle aime aller faire du lèche vitrines à Paris de temps en temps.*
- The displays were so attractive that she could not help buying a few reduced items. — *Les étalages étaient si attrayants qu'elle ne put s'empêcher d'acheter quelques articles à prix réduit.*
- The shop assistant talked him into buying the luxury model, which was much dearer. — *La vendeuse l'a persuadé d'acheter le modèle de luxe, qui était beaucoup plus cher.*

5

- Thanks to consumer groups buyers are now better protected against crooks. — *Grâce aux associations de consommateurs, les acheteurs sont maintenant mieux protégés contre les escrocs.*
- Far from being good value those shoddy items prove expensive in the long run, since they do not last. — *Loin d'être d'un bon rapport qualité-prix, cette camelote s'avère onéreuse à long terme, puisqu'elle ne dure pas.*

- During the Winter sale she went on a spending spree and made extravagant purchases.

  Durant les soldes d'hiver, elle eut une frénésie de dépenses et fit des achats dispendieux.
- He's got tremendous business flair and his company's turnover has tripled over the last two years.

  Il a un remarquable sens du commerce et le chiffre d'affaires de sa société a triplé au cours des deux dernières années.

6

- Factory outlets are increasingly popular because they even slash the prices of famous brands.

  Les magasins d'usine ont de plus en plus de succès, parce qu'ils cassent les prix même des marques réputées.
- After a crisis, mail order business might soar again thanks to electronic shopping.

  Après avoir connu une crise, la vente par correspondance pourrait reprendre son essor, grâce au commerce électronique.
- It seems that middlemen make huge profits, while farmers only just survive.

  Il semble que les intermédiaires font des bénéfices énormes, alors que les agriculteurs s'en tirent difficilement.
- Fair trade should allow third-world producers to eke out a living.

  Le commerce équitable devrait permettre aux producteurs du tiers-monde de tirer des revenus décents.

23. Energy

Niveau 1 / 6

l'énergie	energy	*sing. indén. ; pas d'art.*
ou :	power	*adj.* powerful = *puissant*
les ressources naturelles	natural resources	*att. orthographe*
un combustible	a fuel	
le vent	the wind	
le soleil	the sun	
les marées	tides	
la vapeur	steam	
sûr	safe	*à l'abri des accidents*
propre	clean	
écologique	environmental, ecological	*qui a trait à l'environnement*
ou :	environmentally-friendly	*qui ménage l'environnement*
compter sur, se fier à	to rely on	
produire	to produce	
extraire	to extract	
pomper	to pump	
consommer	to consume	
la consommation d'énergie	energy consumption	
gaspiller	to waste	
polluer	to pollute	*polluant :* polluting
économiser l'énergie	to save energy	
la maîtrise de l'énergie	energy conservation	to conserve : *économiser, ménager*

Niveau 2 / 6

le charbon	coal	*au sens général, sing. indén.*
le gaz	**gas**	*att. à l'orthographe ; plur.* gases
le pétrole	oil	GB
ou :	petroleum	US
les réserves de pétrole	oil reserves	*plur.*
l'essence	**petrol**	GB
ou :	gas(oline)	US
les énergies alternatives	alternative sources (of energy)	
l'énergie solaire	solar energy	*att. pas d'art.*
l'énergie éolienne	wind energy	*idem*
l'énergie hydraulique	hydroelectricity	*idem*
le courant (électrique)	electrical current	*idem*

être branché	to be on stream	
une centrale au charbon	a coal-fired power station	*à gaz* = gas-fired
l'énergie nucléaire, le nucléaire	nuclear energy, nuclear power	*att.* nuclear *est adj. ; il ne peut devenir nom*
une centrale atomique	a nuclear power station	
ou :	a nuclear plant	a plant = *une usine*
ou :	a nuke	US ; *familier*
chauffer (maison)	to heat	
le chauffage	heating	*le chauffage central :* central heating
disparaître	to disappear	
réduire	to deplete	*pour des réserves*
épuiser	to exhaust	

Niveau 3 / 6

une politique énergétique	an energy policy	*att.* energetic = *dynamique*
les besoins énergétiques	energy requirements	
le réseau (électrique)	the network	
ou :	the grid	
fiable	reliable	*cf.* to rely on = *se fier à, compter sur*
disponible	available	*att. ne peut être adj. épithète ; il ne peut donc pas se placer avant le nom*
brûler	to burn	I burnt, burnt
stocker	to store	*le stockage :* storage
extraire	to extract	
exploiter, domestiquer (énergie)	to tap	*cf.* oil reserves
ou :	to harness	*cf.* hydroelectricity, solar power etc.
tomber en panne	to break down	
ou :	to fail	
une panne de courant	a power failure	
causer des dégâts	to cause damage	*att. sing. indén. :* damages = *dommages et intérêts*
passer de…à	to switch from…to…	*à une autre énergie etc.*
une catastrophe nucléaire	a nuclear catastrophe	*att. ortho.*
une bombe à retardement	a time bomb	*au propre et au figuré*
l'accident de Tchernobyl	the Chernobyl meltdown	*att. à l'orthographe ;* meltdown = *fusion du cœur*
refroidir	to cool	*le système de refroidissement :* the cooling system

éteindre	to extinguish **ou :** to put out	a fire-extinguisher : *un extincteur*

Quelques exemples

1

- Men should stop wasting natural resources. — *Les hommes devraient cesser de gaspiller les ressources naturelles.*
- Energy conservation is the simplest environmental measure. — *La maîtrise de l'énergie est la mesure écologique la plus simple.*
- Most fuels pollute our environment when they burn. — *La plupart des combustibles polluent l'environnement quand ils brûlent.*
- Energy consumption has risen dramatically over the last 50 years. — *La consommation d'énergie augmente de façon spectaculaire depuis 50 ans.*

2

- Oil reserves are gradually being depleted. — *Les réserves de pétrole s'épuisent progressivement.*
- When they are exhausted, we will have to use sun and wind energy. — *Quand elles seront épuisées, nous devrons utiliser les énergies solaire et éolienne.*
- Will nuclear plants ever be totally safe? — *Les centrales nucléaires seront-ellles jamais totalement sûres ?*
- Coal-fired power stations are not environment-friendly and should disappear. — *Les centrales thermiques au charbon ne sont pas écologiques et devraient disparaître.*

3

- Far from being safe, those power stations are real time-bombs. — *Loin d'être sûres, ces centrales sont de véritables bombes à retardement.*
- The energy requirements are such that the network cannot meet the demand. — *Les besoins énergétiques sont tels que le réseau ne peut répondre à la demande.*
- A good energy policy will permit to better exploit the resources available. — *Une bonne politique énergétique permettra de mieux exploiter les ressources disponibles.*
- The Chernobyl meltdown reminds us that safety should remain our top priority. — *L'accident de Tchernobyl nous rappelle que la sécurité doit rester notre priorité absolue.*

Niveau 4 / 6

*l'OPE***P**	OPE**C**	*pour* Oil Producing and Exporting **Countries**
une société pétrolière	an oil company	
une société de distribution (gas, électricité)	a utility	*sociétés privées aux USA et en GB*
les matières premières	raw materials	
les combustibles fossiles	fossil fuels	
les hydrocarbures	hydrocarbon fuels	
traiter, transformer	to process	
la transformation, le traitement	processing	*le retraitement :* reprocessing

l'approvisionnement en pétrole	the oil supply	*cf. la fourniture*
charger	to load	to unload : *décharger*
(in)épuisable	(in)exhaustible	
abondant, à profusion	plentiful	
rare, peu abondant	scarce	*scarcity* : la rareté, la pénurie
renoncer à	to give up	
les énergies alternatives	alternative sources of energy	
une pile, une batterie	a battery	
une pile à combustible	a fuel cell	
un véhicule électrique	an electric vehicle	
ou :	a battery-powered vehicle	
une voiture à hydrogène	a hydrogen-powered car	
fournir	to supply	supply and demand : *l'offre et la demande*
fournir de l'énergie	to supply energy	
fournir de l'électricité à un pays	to supply a country **with** electricity	

Niveau 5 / 6

les réserves de pétrole	oil reserves	
forer	to drill	
chercher du pétrole, prospecter	to dig for oil	to dig, I dug, dug = *creuser*
trouver du pétrole	to strike oil	to strike, I struck, struck = *frapper*
tomber sur un filon (sur un riche gisement)	to strike it rich	*au propre et au figuré*
un gisement	a deposit	
la production en mer	offshore production	
une plate-forme (en mer)	an oil rig	
un barrage	a dam	
une ligne à haute tension	a high voltage line	
une centrale thermique	a thermal power plant	
l'uranium enrichi	enriched uranium	*sing. indén. ; pas d'art.*
un réacteur nucléaire	a nuclear reactor	
le cœur du réacteur	the reactor core	
la fission nucléaire	nuclear fission	
la fusion nucléaire	nuclear fusion	
les risques	the risks	
ou :	the hazards	*adj.* hazardous = *risqué*
mesurer les risques	to assess the risks	

courir un risque	to run a risk	
la sécurité	safety	*protection contre les accidents*
ou :	security	*protection contre attentats, etc.*
le mouvement antinucléaire	the anti-nuke movement	*cf.* the Greens, Greenpeace etc.

Niveau 6 / 6

une pénurie	a shortage	to be short of : *être à court de*
les déchets nucléaires	nuclear waste	*att. plutôt sing. indén.*
se débarrasser de	to dispose of	
l'élimination des déchets	waste disposal	
enfouir	to bury	*cf. enterrer*
jeter les déchets à la mer	to dump waste into the sea	
une fuite	a leak	to leak : *fuir*
fermer (définitivement) une centrale	to close down a power plant	
déverser	to pour	
une marée noire	an oil slick	
une mini marée noire	an oil spill	to spill, I spilt, spilt : *renverser*
économe en carburant	fuel-efficient	
dégazer, vider les réservoirs	to empty the tanks	*ou :* to flush out the tanks
gourmand (en carburant)	gas-guzzling	gas-guzzler : *véhicule qui consomme beaucoup*
les énergies renouvelables	renewable sources of energy	
une éolienne	a windmill	*mot à mot, « un moulin à vent »*
un panneau solaire	a solar panel	
une cellule solaire	a solar cell	
une usine marémotrice	a tidal power station	
la géothermie	geothermal energy	
la biomasse	biomass	*sing. indén.*

Quelques exemples

4

• Oil companies would rather we did not change our energy policy.	*Les compagnies pétrolières aimeraient mieux que nous ne changions pas de politique énergétique.*
• Motorists don't buy battery-powered cars because they aren't fast enough.	*Les automobilistes n'achètent pas de voitures électriques car elles ne sont pas assez rapides.*
• Some say that fuel cells will supply inexhaustible energy.	*Certains disent que les piles à combustible fourniront une énergie inépuisable.*
• Should utilities become independent private companies?	*Les compagnies de distribution d'électricité devraient-elles devenir des sociétés privées indépendantes ?*

5

• They are digging for oil everywhere off the coast of Africa.	*Ils recherchent du pétrole partout au large de l'Afrique.*
• They seem to have struck it rich in Chad.	*Ils semblent être tombés sur un riche gisement au Tchad.*
• If we could harness nuclear fusion, we would have cheap and clean energy.	*Si nous maîtrisions la fusion nucléaire, nous aurions de l'énergie propre et à bon marché.*
• Anti-nuke activists say we must assess the risks of such a policy.	*Les anti-nucléaires disent que nous devons mesurer les risques d'une telle politique.*

6

• Far too many tankers still empty their tanks into the sea.	*Beaucoup trop de tankers continuent de dégazer dans la mer.*
• Recent oil slicks have shown that Nature should come before profit.	*Les récentes marées noires ont montré que la nature devrait passer devant le profit.*
• Shall we ever manage to dispose of nuclear waste?	*Arriverons-nous jamais à nous débarrasser des déchets nucléaires ?*
• Can we let those gas-guzzlers destroy our urban environment?	*Pouvons-nous laisser ces grosses voitures gourmandes en carburant détruire notre environnement urbain ?*

24. The Environment

Niveau 1 / 6

l'environnement	the environment	*att. à l'ortho.*
la protection de l'environnement	environmental protection	*pas d'art.*
un écologiste	an environmentalist	
écologique	environmental	*adv.* environmentally
ou :	ecological	
les Verts	the Greens	
le climat	the climate	
la nature	Nature	*pas d'art.*
la terre	(the) earth	*avec ou sans art.*
l'air	the air	
un nuage	a cloud	
une goutte	a drop	
la pluie	rain	*pas d'art.*
la neige	snow	*idem*
la glace	ice	*un glacier :* a glacier
un orage	a storm	
la pollution	pollution	*pas d'art.*
le changement climatique	climate change	
durable, viable	sustainable	
propre	clean	
sale	dirty	
salir	to dirty	
ou :	to soil	
polluer	to pollute	
abîmer, gâcher	to spoil	I spoilt, spoilt
intact	unspoilt	
nettoyer	to clean up	
protéger	to protect	

Niveau 2 / 6

les ordures, des saletés	rubbish, refuse	*sing. indén.*
une poubelle	a dustbin	
une catastrophe naturelle	a natural catastrophe	
une catastrophe écologique	an ecological catastrophe	
les dégâts	damage	
le bruit	noise	*agréable ou non*
le bruit, le vacarme	a din	*sing. ; bruit désagréable*

la couche d'ozone	the ozone layer	
polluant	polluting	
non / peu polluant	non polluting	
ou :	environmentally friendly	*mot à mot : amical pour l'environnement*
sans discernement	indiscriminate	*adv.* indiscriminately
endommager	to damage	
détruire	to destroy	*la destruction :* destruction
jeter	to throw away	to throw, I threw, thrown
verser, déverser	to pour	*uniquement pour les liquides*
jeter, déverser, se débarrasser de	to dump	*plutôt pour des solides*
renverser (accidentellement)	to spill	I spilt, spilt
changer de comportement	to change one's habits	
un mode de vie	a way of life	
économiser, sauver	to save	
menacer	to threaten	*une menace :* a threat

Niveau 3 / 6

la pollution atmosphérique	air pollution	
des émanations	fumes	
les gaz d'échappement	exhaust fumes	
nuisible	harmful	
ou :	noxious	
toxique	toxic	
dangereux	dangerous	
ou :	hazardous	a hazard = *un risque, un danger*
inoffensif	harmless	
spectaculaire	dramatic	*adv. = de manière spectaculaire :* dramatically
sensible(ment)	significant(ly)	
une espèce	a species	2 species *: sing. et plur. identiques*
menacé(e)	endangered	
disparu(e)	extinct	
en voie de disparition	on the verge of extinction	*mot à mot : au bord de…*
les pluies acides	acid rain	*plutôt sing. indén.*
l'atmosphère terrestre	the earth's atmosphere	
les gaz d'échappement	exhaust fumes	fumes = *émanations*
l'alerte à la pollution urbaine	smog alarm	smog = smoke + fog *(fumée + brouillard)*

recycler	to recycle	*uniquement pour une chose*
le recyclage	recycling	*sing. indén.*
un conteneur / emballage en plastique	a plastic container	
un conteneur (benne)	a skip	
une bouteille en verre	a glass bottle	a bottle bank = *une benne à verre*
les emballages	packaging(s)	
respirer	to breathe	
inhaler	to breathe (in)	
ou :	to inhale	
étouffer	to choke	

Quelques exemples

1

- Tourists love unspoilt places, which they happily pollute... — *Les touristes adorent les lieux préservés... qu'ils polluent joyeusement.*
- Those who spoil nature rarely pay to clean it up. — *Ceux qui abîment la nature sont rarement ceux qui payent pour la nettoyer.*
- The recent climate changes are partly due to human activities. — *Les changements climatiques récents sont en partie dus aux activités humaines.*
- Third World countries ask us to clean up our act. — *Les pays du tiers-monde nous demandent de balayer devant notre porte.*

2

- Many big companies regard oceans as giant dustbins. — *Beaucoup de grandes sociétés considèrent les océans comme de gigantesques poubelles.*
- They indiscriminately dump their waste into rivers and seas. — *Sans discernement, ils déversent leurs déchets dans les rivières et les mers.*
- The din of our cities threatens our mental and physical health. — *Le vacarme de nos villes menace notre santé mentale et physique.*
- Shouldn't our throwaway society change its behaviour? — *Notre société du tout jetable ne devrait-elle pas changer ses comportements ?*

3

- The exhaust fumes we inhale are a hazard for our lungs. — *Les gaz d'échappement que nous respirons sont un danger pour nos poumons.*
- Air pollution rises dramatically on hot days. — *La pollution atmosphérique augmente de manière spectaculaire les jours de chaleur.*
- Like many animal species the tiger is now on the verge of extinction. — *Comme beaucoup d'autres espèces animales, le tigre est en voie de disparition.*
- Many plastic and glass containers could be recycled. — *Beaucoup d'emballages en plastique et en verre pourraient être recyclés.*

Niveau 4 / 6

un fléau	a plague	plague *(indén.) = la peste*
tourmenter	to plague	
une épidémie	an epidemic	*att. à la terminaison*
cancérigène	carcinogenic	
les ordures ménagères	household rubbish	*sing. indén.*
ou :	household garbage	*idem*
des résidus, produits résiduels	effluents	*surtout au plur.*
détritus	litter	*cf. papiers ou emballages jetés dans la rue ou dans la nature*
des emballages consignés	returnable containers	
le ramassage sélectif des ordures	selective waste collection	
le papier recyclé	recycled paper	
l'essence sans plomb	unleaded petrol	*pas d'art.*
un pot catalytique	a catalytic converter	
les produits bio	organic produce	*att. sing. indén.*
l'agriculture bio	organic farming	
l'agriculture intensive	industrial farming	
un engrais	a fertilizer	
une nappe phréatique	an aquifer	
gaspiller, gâcher	to waste	
empoisonner	to poison	
ramasser	to collect	
compromettre, mettre en péril	to put in jeopardy	
trier ses ordures	to sort one's refuse	*att. conjuguer :* my refuse, your refuse etc.

Niveau 5 / 6

une décharge publique	a tip	
ou :	a dump	
une benne	a skip	
les déchets industriels	industrial waste	*plutôt sing. indén.*
les déchets toxiques	toxic waste	*idem*
l'élimination des déchets	waste disposal	
la radioactivité	radioactivity	
les déchets radioactifs	radioactive waste	*sing.*
le retraitement	reprocessing	*sing. indén.*
le stockage	storage	
les eaux usées	sewage	*sing. indén.*
l'élimination des eaux usées	sewage treatment	

une station d'épuration	a sewage treatment plant	plant = *usine*
éliminer, se débarrasser de	to dispose **of**	
s'écouler, couler (dans)	to flow (into)	
fuir, suinter	to leak	*une fuite :* a leak
se répandre, épandre	to spread	I spread, spread ; *trans. ou intrans.*
contaminer, infester	to contaminate	
irradier	to irradiate	
surexploiter	to overexploit	
piller la nature	to plunder nature	
retraiter	to reprocess	*cf. les déchets nucléaires*

Niveau 6 / 6

un orage	a storm	
ou :	a thunderstorm	thunder = *le tonnerre*
un ouragan	a hurricane	
un (violent) coup de vent	a gale	
un tremblement de terre	an earthquake	to quake : *trembler très fort*
un glissement de terrain	a landslide	
un raz-de-marée	a tidal wave	
un incendie de forêt	a forest fire	
la forêt tropicale	the rainforest	
une inondation	a flood	
la couche d'ozone	the ozone layer	
le trou dans la couche d'ozone	the hole in the ozone layer	
un aérosol	a spray, an aerosol	to spray = *vaporiser*
sans CFC, sans danger pour la couche d'ozone	ozone-friendly	
une bombe aérosol	a spraycan	
un gaz propulseur	a propellant	to propel : *propulser*
l'effet de serre	the greenhouse effect	a greenhouse : *une serre*
le réchauffement terrestre	global warming	
la montée du niveau des mers	rising sea levels	
déborder (rivière, fleuve)	to overflow	
fondre	to melt	
inonder	to flood	
disparaître progressivement, rétrécir	to shrink	I shrank, shrunk
anéantir	to ruin	
ou :	to lay waste **to**	

Quelques exemples

4

- Wasting natural resources puts future generations in jeopardy. — *Le gaspillage des ressources naturelles met en péril les générations futures.*
- All household garbage should be sorted before it is collected. — *Toutes les ordures ménagères devraient être triées avant leur ramassage.*
- The indiscriminate use of fertilizer and pesticide poisons nature. — *L'utilisation inconsidérée d'engrais et de pesticides empoisonne la nature.*
- Organic produce seems to be increasingly popular. — *Les produits bio semblent jouir d'une popularité croissante.*

5

- They dispose of their industrial waste in nature without reprocessing it. — *Ils se débarrassent de leurs déchets industriels dans la nature, sans les retraiter.*
- Instead of plundering the planet to produce new items, we should recycle used ones. — *Au lieu de piller la planète pour en produire de nouveaux, nous devrions recycler les articles usagés.*
- The toxic effluents of industrial farming leak into aquifers. — *Les résidus toxiques de l'agriculture industrielle s'infiltrent dans les nappes phréatiques.*
- The town has no sewage treatment plant, so sewage flows into the river. — *La ville n'a pas de station d'épuration, alors les eaux usées s'écoulent dans la rivière.*

6

- Can we still save the shrinking rainforest? — *Pouvons-nous encore sauver la forêt tropicale qui diminue chaque jour ?*
- After the earthquake and tidal wave, the city now faces epidemics. — *Après tremblement de terre et raz-de-marée, la ville est maintenant confrontée aux épidémies.*
- Manufacturers claim that spraycan propellants are now ozone-friendly. — *Les fabricants prétendent que les propulseurs utilisés dans les aérosols sont maintenant sans danger pour la couche d'ozone.*
- Oil companies are positive, global warming is **not** caused by the growing consumption of energy. — *Les pétroliers sont catégoriques, le réchauffement de la planète n'est* ***pas*** *dû à la consommation croissante d'énergie.*

25. Transport

Niveau 1 / 7

la circulation	(the) traffic	*sing.*
une circulation dense	heavy traffic	
une rue	a street	
une route	a road	
une nationale	a highway	
une autoroute	a motorway	
chargé, animé	busy	*comp.* busier ; *superl.* busiest
un itinéraire	a route	
un véhicule	a vehicle	*att. à l'ortho. et à la prononciation* [vi:kl]
une voiture	a car, a motorcar	*ou* (US) : an automobile
un autobus	a bus	*plur.* buses
un autocar	a coach	
un conducteur	a driver	
un automobiliste	a motorist	
un piéton	a pedestrian	
un parking	a car park	parking = *le fait de garer*
se garer	to park	*une place de parking :* a parking space
garer sa voiture	to park one's car	
(faire) démarrer	to start	*trans. ou intrans.*
partir	to leave	I left, left
ou :	to set off	
marcher, aller à pied (à)	to walk (to)	*aller à l'école à pied :* to walk to school
ou :	to go **on** foot	
en voiture, en train, en bus	**by** car, **by** train, **by** bus	*att. à la prép.*
prendre la voiture, le train	to go **by** car, **by** train	*attention à la construction*
prendre le train de 7 heures	to catch the 7 o'clock train	to catch, I caught, caught

Niveau 2 / 7

l'essence	petrol (GB), gas (US)	
une station-service	a petrol station, a gas station	*ou* a filling station
faire le plein	to fill up (the tank)	
la vitesse	speed	
faire du 100 à l'heure	to do 60 (miles an hour)	
freiner	to brake	
accélérer	to accelerate	

ralentir	to slow down	
des feux de signalisation	traffic lights	
un passage piétons	a pedestrian crossing, a zebra crossing	
un vélo	a bicycle, a bike	
aller à vélo	to cycle	to school, to work etc.
une moto	a motorcycle, a motorbike	
une panne	a breakdown	*tomber en panne :* to break (I broke, broken) down
un garage	a garage	
un mécanicien	a mechanic	
réparer	to repair	repairs : *les réparations*
aller tout droit	to go straight ahead	
traverser une ville (en auto)	to drive **through** a city	to drive, I drove, driven
traverser une place	to walk **across** a square	across *et non* through, *car la place est un plan (2 dimensions)*
traverser la rue	to cross the street	
passer devant qqch. (à pied)	to walk past smthg	
passer devant qqch. (en voiture etc.)	to drive past smthg	

Niveau 3 / 7

les transports en commun	public transport	*sing. indén.*
un moyen de transport	a mean**s** of transport	*att. à l'ortho.*
un billet (de train, de bus)	a ticket	
le prix du billet	the fare	
un guichet	a window	
une gare	a station	railway station, bus station etc.
un quai	a platform	
un port	a harbour	
un avion	a plane, an aircraft	*att. plur. sans -s :* 2 aircraft
un aéroport	an airport	
aller en avion (à)	to fly (to)	to fly, I flew, flown
piloter (un avion)	to fly a plane	to fly, I flew, flown
aller en bateau (à)	to sail (to)	
passer par Londres	to go via London	
rater un train	to miss a train	
changer de train	to change trains	*att. plur. (il y a plus d'un train en jeu)*
le trafic touristique	tourist traffic	

s'écraser, avoir un accident	to crash	*SVP évitez l'odieux « se scratcher »*
un accident de la circulation	a car crash	
faire / régler la circulation	to be on traffic duty	
une interdiction de stationner	a "No Parking" sign	
être en chemin / en route	to be on the way	
un embouteillage	a (traffic) jam	
être complet (vol, train, hôtel)	to be booked up	
une correspondance (pour)	a connection (for)	
monter en / descendre de voiture	to get in / out of a car	to get, I got, got
monter dans / descendre du train	to get on / off the train	

Quelques exemples

1

• Motor traffic is getting heavier and heavier.	*La circulation automobile devient de plus en plus dense.*
• It is often almost impossible to find a space to park.	*Il est souvent presque impossible de trouver une place de parking.*
• It is much quicker to go on foot or by bus than to use a car.	*Il est bien plus rapide d'aller à pied ou en bus que de prendre la voiture.*
• If you catch the morning train to London, you won't waste your time on the motorway.	*Si tu prends le train du matin pour Londres, tu ne perdras pas ton temps sur l'autoroute.*

2

• Don't forget to fill up the tank before you leave.	*N'oublie pas de faire le plein avant de partir.*
• British motorists slow down when they see a zebra crossing.	*Les automobilistes britanniques ralentissent quand ils voient un passage pour piétons.*
• Don't drive through London, you'll constantly have to brake and stop at traffic lights.	*Ne traverse pas Londres, il te faudra constamment freiner et t'arrêter aux feux tricolores.*
• His motorcycle broke down on the highway and he couldn't get a mechanic.	*Sa moto est tombée en panne sur la nationale, et il n'a pas pu trouver de mécanicien.*

3

• The Thatcher government deliberately sacrificed public transport.	*Le gouvernement Thatcher sacrifia délibérément les transports en commun.*
• We flew to Nice for the air fare was exceptionally low.	*Nous sommes allés à Nice en avion, car le prix du billet était exceptionnellement bas.*
• As usual there were traffic jams due to car crashes.	*Comme d'habitude, il y avait des embouteillages dus à des accidents.*
• Either you travel via Paris, or you will have to change trains several times.	*Ou bien tu passes par Paris, ou bien tu devras changer plusieurs fois de train.*

Niveau 4 / 7

un camion	a lorry, a truck	*un semi-remorque :* an articulated lorry
un (navire) cargo	a cargo ship	
un pétrolier	a tanker	
une péniche	a barge	*un canal :* a canal
un vol (avion)	a flight	
une compagnie aérienne	an airline	
monter à bord d'un avion	to board a plane	
une carte d'embarquement	a boarding pass	
l'équipage	the crew	
un passager	a passenger	
le fret	freight	*un train de marchandises :* a freight train
les marchandises	goods	*toujours au plur.*
une cargaison	a cargo	
un colis, un paquet	a parcel	
des bagages	luggage	*sing. indén.*
fouiller	to search	
une compagnie ferroviaire	a railway company	British Rail *est désormais remplacée par plusieurs sociétés privées*
les chemins de fer	the railway system	
le réseau ferré	the railway network	
le trafic ferroviaire	railway traffic	
le réseau routier	the road network	
une voiture de service	a company car	
transporter	to transport, to convey	
expédier	to ship	
livrer	to deliver	
la livraison	delivery	a delivery van : *une camionnette de livraison*
une plaque-tournante	a hub	
la politique des transports	the transport policy	

Niveau 5 / 7

un croisement	a crossroads	*att. à l'ortho.*
une R.N.	a highway	
un panneau	a road sign	
un arrêt de bus	a bus stop	
un parcmètre	a parking meter	
tourner à gauche / à droite	to turn left / right	

faire une pause	to have a break	
le code de la route	traffic regulations	
la priorité	the right of way	
un sens unique	a one-way street	
une route à quatre voies	a dual carriageway	
une voie sans issue	a dead end	*sens propre et figuré*
prudent	cautious	
ou :	prudent	
la prudence	caution	
une voiture flambant neuve	a brand-new car	
une voiture d'occasion	a second-hand car	
un pneu	a tyre	US : a tire
une crevaison	a flat tyre	
un éclatement de pneu	a burst tyre	
une limitation de vitesse	a speed limit	
avoir un PV pour excès de vitesse	to be booked for speeding	
imprudent	reckless	*l'imprudence :* recklessness
une ceinture de sécurité	a safety belt, a seat belt	
mettre / attacher sa ceinture	to fasten one's seat belt	
faire du stop	to hitchhike	a hitchhiker : *un stoppeur*
un routard	a backpacker	
prendre qqn en stop	to give s.o. a lift	
une chaussée glissante	a slippery road	
déraper	to skid	skidded, skidding *(redoublement du* -d-*)*
le verglas	black ice	
avoir du retard	to be late	
un retard	a delay	
retarder	to delay	
annuler	to cancel	

Niveau 6 / 7

un chauffard	a reckless driver	
entrer en collision avec	to collide with	
renverser un piéton	to knock down a pedestrian	
écraser qqn	to run over s.o.	to run, I ran, run
le blocage de la circulation	(the) gridlock	*avec ou sans art.*
un embouteillage	a hold-up	
les heures de pointe	peak hours	
bondé	packed (full)	
une collision frontale	a head-on collision	
se tuer sur la route	to get killed on the road	

une victime de la route	a road casualty	
passer au rouge	to go **through** a red light	
un délit de fuite	a hit and run offence	
être blessé dans un accident	to get injured in a car crash	*ne pas employer* wounded *dans ce cas*
un virage	a bend	
doubler, dépasser (une voiture)	to overtake	I overtook, overtaken
dérailler	to derail	a derailment
passer son permis de conduire	to take the driving test	*au sens de le tenter*
ou :	to pass the driving test	*au sens de l'obtenir*
le permis de conduire	the driving licence	
un train de banlieue	a commuter train	
une personne qui fait la navette entre son domicile et son travail	a commuter	*cf.* to commute

Quelques exemples

4

- The whole road network is overrun by innumerable lorries. — *Tout le réseau routier est envahi par d'innombrables camions.*
- Many people say that much of the freight could be conveyed by rail or by barge. — *Beaucoup disent qu'une grande partie du fret pourrait être acheminée par rail ou par péniche.*
- When the passengers boarded the plane their luggage was searched again by the crew. — *Quand les passagers montèrent à bord de l'avion, leurs bagages furent encore fouillés par l'équipage.*
- Some of the goods shipped by sea are delivered months later. — *Certaines marchandises expédiées par mer sont livrées des mois après.*

5

- You should slow down, otherwise you may well be booked for speeding. — *Tu devrais ralentir, sinon tu pourrais bien avoir un PV pour excès de vitesse.*
- He crashed his brand-new sportscar as a consequence of a burst tyre. — *Il a détruit sa voiture de sport flambant neuve à la suite d'un éclatement de pneu.*
- I give hitchhikers a lift only when they don't have too much luggage. — *Je ne prends les auto-stoppeurs que quand ils n'ont pas trop de bagages.*
- A cautious driver should have a break every two or three hours. — *Un conducteur prudent devrait faire une pause toutes les deux ou trois heures.*

6

- Every morning commuters have to get on packed trains or congested roads. — *Tous les matins, les banlieusards doivent prendre un train bondé ou une route encombrée.*
- It will take a tougher transport policy to reduce the number of road casualties. — *Il faudra une politique des transports plus ferme pour réduire le nombre des victimes de la route.*

- He tried to overtake on a bend and collided with an oncoming vehicle. — *Il essaya de doubler dans un virage et entra en collision avec un véhicule qui arrivait en sens inverse.*
- The reckless driver drove through a red light and knocked down two pedestrians. — *Le chauffard grilla le feu rouge et renversa deux piétons.*

Niveau 7 / 7

une piste cyclable	a cycle track	
un rond-point	a roundabout	
un contournement, une rocade	a bypass	to bypass : *contourner*
une déviation	a diversion	to divert : *détourner*
une aire de repos	a rest area	*aire de services ;* (motorway) services
un péage	a toll	*la taxe ; un péage :* a toll gate
un mastodonte	a juggernaut	
le ferroutage	(rail)piggybacking	
le covoiturage	car pooling	
un contrôle radar	a radar control	
un alcootest	a breathalyzer test	
conduite en état d'ivresse	drunk driving	US : drunken driving
un charter	a charter flight	
une compagnie aérienne à bas prix	a low-fare airline, a cut-price company	
payer plein tarif	to pay full fare	
un billet à tarif réduit	a reduced fare ticket	
une escale	a stopover	
se faire enregistrer (avion)	to check in	a check-in desk : *un comptoir d'enregistrement*
le décollage / décoller	take-off / to take off	
l'atterrissage / atterrir	landing / to land	
une piste d'atterrissage	a runway	
le trafic national	domestic flights	
un accident d'avion	a plane crash	
un train à grande vitesse	a high-speed train	
le tunnel sous la Manche	the Channel Tunnel	*ou* Chunnel
un pavillon de complaisance	a convenience flag	

Quelques exemples

7

- Abu Dhabi airport is an excellent stopover for flights between Europe and the Far East. *Abu Dhabi est une excellente escale pour les vols entre l'Europe et l'Extrême-Orient.*
- Rail piggybacking is the only way to prevent all those juggernauts from destroying our environment. *Le ferroutage est le seul moyen d'empêcher tous ces mastodontes de détruire notre environnement.*
- Low-cost airlines may be attractive, but you have to put up with frequent delays and cancellations. *Ces compagnies aériennes à bas coût sont peut-être attrayantes, mais on doit supporter de fréquents retards ou annulations.*
- The Transport Minister said that he would no longer put up with drunk driving. *Le ministre des Transports a déclaré qu'il ne tolérerait plus la conduite en état d'ivresse.*

26. Health

Niveau 1 / 8

la santé	health	*sing. indén.*
en bonne santé ; sain	sound	*autre sens : bon pour la santé*
ou :	healthy	
sain et sauf	safe and sound	safe = *sauf, en sécurité*
le corps	the body	
mauvais pour la santé, malsain	unsound, unhealthy	
aller bien, être en bonne santé	to be in good health	
faible	weak	*la faiblesse :* weakness
un médicament	a medicine	*att. à l'ortho.*
ou :	a drug	*autre sens : drogue*
la douleur	pain	
médical	medical	
un médecin	a doctor	*attention à l'orthographe*
ou :	a physician	*att. physicien :* physicist
aller chez le médecin	to go to the doctor's	*att. ne pas oublier le cas possessif*
un dentiste	a dentist	
une dent	a tooth	*plur.* teeth
un mal de dents	a toothache	
avoir mal aux dents	to have (a) toothache	*dén. ou indén.*
un malade, un patient	a patient	
malade	ill	*sérieusement malade ; adj. attribut ; ne peut être placé avant le nom*
ou :	sick	*indisposé, nauséeux*
gravement malade	seriously ill	
un malade	a sick person	*en tant qu'épithète,* sick *prend le sens de* ill
la maladie	illness	
les malades	the sick	ill *seul ne pouvant être épithète, il ne peut être adj. substantivé*
être malade	to be ill	*adj. attribut seulement, non épithète*
tomber malade	to become ill	
être malade (indisposé), avoir la nausée	to be / feel sick	to be seasick : *avoir le mal de mer*
faire mal	to hurt	*Cela fait mal. :* It hurts.

Niveau 2 / 8

une maladie (grave)	a disease	
ou :	an illness	
une blessure	a wound	*ou une plaie ; cf. combat ou blessure de cœur*
ou :	an injury	*cf. accident*
une cicatrice	a scar	
physique	physical	
psychologique	psychological	
un (médecin) généraliste	a GP	general practitioner
un spécialiste	a specialist	
enceinte	pregnant	
la grossesse	pregnancy	
l'hygiène	hygiene	
la grippe	the flu	*ou* influenza *(indén. ; pas d'art.)*
la bronchite	bronchitis	*att. les noms de maladies ne sont pas précédés de l'article défini*
un mal de tête	a headache	
avoir mal à la tête	to have a headache	*migraine* = chronic headache
la gorge	the throat	
une angine, un mal de gorge	a sore throat	sore = *endolori*
le cœur	the heart	
être cardiaque	to have a heart disease	
ou :	to have a heart condition	
une crise cardiaque	a heart attack	
la guérison	recovery	
souffrir de	to suffer **from**	
soigner	to treat	*un traitement :* a treatment
guérir, cicatriser	to heal	*pour une blessure*
guérir une maladie	to cure a disease	
se remettre, recouvrer la santé	to recover	
contracter une maladie	to catch a disease	to catch, I caught, caught
être en forme	to be fit	
ou :	to be in good shape	

Niveau 3 / 8

un examen	an exam(ination)	
examiner, ausculter (un patient)	to examine	
nuisible, dommageable	harmful	*nuire à :* to harm
une jambe	a leg	
un bras	an arm	
le crâne	the skull	
une fracture de la jambe	a broken leg	*une fracture du bras :* a broken arm
une fracture du crâne	a broken skull	
se casser une jambe	to break a leg	to break, I broke, broken
un accident (de voiture)	a car crash	
mort	dead	*les morts :* the dead *(adj. substantivé)*
les morts et les blessés	the dead and the wounded	*dans un contexte de guerre ; adj. substantivés, s'accordent au plur.*
être blessé	to be injured	*cf. accident*
les victimes de la route	road casualties	
la mort, le décès	death	
un corps, une dépouille	a corpse	
immunisé (contre)	to be immune (to)	*au propre et au figuré*
l'assurance maladie	health insurance	
un avortement	an abortion	*se faire avorter :* to have an abortion
avorter	to abort	
panser (une blessure)	to dress a wound	*autres sens : habiller, accommoder*
un chirurgien	a surgeon	*la chirurgie :* surgery
opérer qqn	to operate **on** s.o.	*att. à la construction*
se faire opérer	to have an operation	
un pontage (cardiaque)	a (heart) by-pass	*autre sens ; une rocade, un contournement routier*
être tué (se tuer) dans un accident de la route	to get killed in a car crash	to get, I got, got
être mort	to be dead	*état, adj.*
mourir (de)	to die (of)	*action, verbe*
Comment va-t-il ?	How **is** he?	*n.p.c. avec* What's he **like**? *(Comment est-il physiquement ? À quoi ressemble-t-il ?)*

Quelques exemples

1

- Some people always believe they are ill. — *Certaines personnes croient toujours être malades.*
- Though she is in good health, she very often goes to the doctor's. — *Bien qu'elle soit en bonne santé, elle va très souvent chez le médecin.*
- Doctors should not give their patients so many drugs. — *Les médecins ne devraient pas donner tant de médicaments à leurs patients.*
- I've got a toothache, I'm going to the dentist's. — *J'ai une rage de dents, je vais chez le dentiste.*

2

- Wealthy Victorian ladies suffered from frequent headaches. — *Les dames victoriennes riches souffraient de maux de tête fréquents.*
- He is slowly recovering from his heart attack. — *Il se remet lentement de sa crise cardiaque.*
- Unfortunately Jane felt sick as soon as she stepped on her yacht. — *Hélas, Jane avait la nausée dès qu'elle mettait le pied sur son yacht.*
- Some forms of the flu can be very serious diseases. — *Certaines variantes de la grippe peuvent être des maladies très graves.*

3

- There is far too high a number of people killed or injured on our roads. — *Il y a un bien trop grand nombre de gens tués ou blessés sur nos routes.*
- Smoking has been proved to be extremely harmful to health. — *Il a été prouvé que le tabagisme était extrêmement dommageable à la santé.*
- He broke his leg and skull when he fell down the stairs. — *Il s'est fait une fracture de la jambe et du crâne en tombant dans l'escalier.*
- Given his present condition he will have to have an operation soon. — *Étant donné son état de santé actuel, il va devoir se faire opérer bientôt.*

Niveau 4 / 8

se sentir bien	to feel good / well	*pas bien ;* unwell
être souffrant	to feel poorly	
la fièvre	fever	
avoir de la fièvre	to have **a** temperature	*att. à l'art.*
ou :	to have a fever	*att. à l'art.*
baisser	to subside	*cf. fièvre*
avoir froid / chaud	**to be** cold / hot	*attention à la construction !*
un rhume	a cold	
avoir un rhume de cerveau	to have a cold in the head	
un bilan (de santé)	a check-up	
(se) blesser	to get hurt	
ou :	to get injured	
saigner	to bleed	I bled, bled
un désinfectant	a disinfectant	*att. à l'ortho.*
un analgésique	a pain killer	*adj.* pain killing

un RDV (chez le médecin)	an appointment	*un RDV privé* : a date
épuisé, éreinté	exhausted	
avoir mal au cœur, avoir la nausée	**to feel sick**	
avoir le vertige	to feel dizzy	
avoir la gueule de bois	to have a hangover	
un pharmacien	a chemist	*autre sens : un chimiste*
ou :	a pharmacist	
une pharmacie	a pharmacy	
aller à la pharmacie	to go to the chemist's	
vomir	to vomit	
ou :	to be sick	to throw up *est familier*
atténuer, soulager, apaiser	to relieve	
l'apaisement, le soulagement	relief	
l'interruption volontaire de grossesse (IVG)	termination of pregnancy	
mettre fin à	to terminate	

Niveau 5 / 8

grave, sérieux	serious	
bénin	minor	*une affection bénigne :* a minor complaint
un microbe	a microbe	
une bactérie	a bacteria	
un virus	a virus	
la contamination	contamination	
contaminer	to contaminate	
contagieux	contagious	
prévenir qqch.	to prevent	*au sens d'empêcher ; n.p.c. avec* to warn *(avertir)*
préventif	preventive	*la prévention :* prevention *(pas d'art.)*
l'équilibre	balance	*physique ou psychologique*
un régime	a diet	to diet : *être au régime*
une alimentation équilibrée	a balanced diet	
la forme physique	fitness	*sing. indén.*
l'exercice physique	physical exercise	
ou :	physical exertion	
une salle de gymnastique	a gym	
un genou	a knee	
une cheville	an ankle	
un poignet	a wrist	

fouler (faire une entorse)	to sprain	
une entorse de la cheville	a sprained ankle	
la commotion	concussion	*indén.*
un traumatisme	a trauma	
douloureux	painful	
indolore	painless	*la douleur :* pain
maigrir	to lose weight	to lose, I lost, lost
grossir	to put on weight	to put, I put, put
mincir, perdre du poids	to slim (down)	*cf.* a slimming diet
rester mince	to remain slim	

Niveau 6 / 8

une épidémie	an epidemic	*également adj. ; att. à l'ortho.*
un vaccin	a vaccine	*att. à l'ortho.*
un antibiotique	an antibiotic	
une ordonnance	a prescription	
ordonner, prescrire	to prescribe	
une infirmière	a nurse	
la contraception	contraception	*contraceptif :* contraceptive
la toux	cough	
éternuer	to sneeze	"a-tishoo !"
tousser	to cough	to have **a** cough
un sirop (contre la toux)	a cough mixture	
un comprimé	a tablet	
une pilule	a pill	*prendre la pilule :* to be **on** the pill
une piqûre	an injection	*familièrement :* a jab
les poumons	the lungs	
un membre	a limb	
infirme	lame	*adj.*
un infirme	a cripple	
handicapé	disabled	*cf.* able : *capable*
un handicapé	a disabled person	
les handicapés	the disabled	*adj. substantivé ; s'accorde au plur.*
une attaque, une congestion cérébrale	a stroke	*cf.* to strike (struck, struck) = *frapper*
paralysé	paralysed	*la paralysie :* paralysis
un fauteuil roulant	a wheelchair	
s'occuper de, soigner	to look **after**	
ou :	to care **for**	*autre sens : aimer, apprécier*
se propager, se répandre	to spread	I spread, spread
transmettre	to transmit	

attraper	to catch	I caught, caught
avaler	to swallow	
vacciner	to vaccinate	
faire une piqûre	to give an injection	

Quelques exemples

4

- He was badly injured in the crash and bled abundantly. — *Il avait été gravement blessé dans l'accident et saignait abondamment.*
- She's got a severe cold and a high temperature, but nothing serious. — *Elle a un bon rhume et beaucoup de temperature, mais rien de grave.*
- He's sick and dizzy, but don't worry, it's only a hangover... — *Il a la nausée et la tête lui tourne, mais, ne vous inquiétez pas, ce n'est qu'une gueule de bois.*
- Shouldn't every woman have a right to terminate an unwanted pregnancy? — *Toute femme n'a-t-elle pas le droit de mettre fin à une grossesse non désirée ?*

5

- You wouldn't put on weight if you took more exercise. — *Tu ne prendrais pas de poids si tu faisais plus d'exercice.*
- To remain slim you should stick to a balanced diet. — *Pour garder la ligne, tu devrais t'en tenir à un régime équilibré.*
- He sprained his ankle and said it was very painful. — *Il s'était fait une entorse et disait que c'était très douloureux.*
- They vaccinated the whole population to prevent a major contamination. — *Ils vaccinèrent la population entière, pour prévenir une contamination majeure.*

6

- Formerly plague epidemics would spread over Europe. — *Autrefois des épidémies de peste se propageaient régulièrement en Europe.*
- We shall need more and more nurses to care for the old and the sick. — *Nous aurons de plus en plus besoin d'infirmières pour soigner les malades et les personnes agées.*
- Why do doctors prescribe so many expensive antibiotics for sore throats? — *Pourquoi les médecins prescrivent-ils tant d'antibiotiques coûteux pour des angines ?*
- Thanks to electric wheelchairs the disabled can better adapt to active life. — *Grâce aux fauteuils électriques, les handicapés peuvent mieux s'adapter à la vie active.*

Niveau 7 / 8

une analyse de sang	a blood test	
une panacée	a panacea	*att. à l'ortho.*
le dépistage	screening	*dépistage systématique :* mass screening
la tension (artérielle)	blood pressure	*avoir de la tension :* to have high blood pressure
un diagnostic	a diagnosis	
précoce	early	

diagnostiquer	to diagnose	
un remède	a remedy	*un remède contre :* a remedy **for**
ou :	a cure	
soigner (apporter remède à)	to cure	
un préservatif	a condom	
le SIDA	HIV-Aids	*s'emploie sans article*
séropositif	HIV positive	
une maladie vénérienne (MST)	a venereal disease (VD)	
le cancer	cancer	*presque toujours sans art.*
avoir un cancer	to have cancer	*pas d'art.*
le (un) cancer du poumon	lung cancer	*pas d'art.*
la leucémie	leukemia	*pas d'art.*
supporter, endurer	to bear	I bore, borne
une douleur insupportable	unbearable pain	
efficace, qui a de l'effet	effective	
un virus	a virus	
un hôpital	a hospital	*att. à l'ortho.*
être hospitalisé	to be taken to hospital	*pas d'art.*
le foie	the liver	
l'estomac	the stomach	*att. à l'ortho.*
(in)curable	(in)curable	*pour une maladie*
le service de réanimation	the intensive care unit	
grabataire	bed-ridden	
l'euthanasie	euthanasia	*sing. indén. pas d'art.*
incurable	terminally ill	*pour une personne*
les malades incurables	the terminally ill	*l'adj. substantivé est possible car* ill, *précédé d'un adv., peut être adj. composé épithète : cf.* terminally-ill people
appareils d'aide à la survie	life-support machines	
débrancher	to unplug	

Niveau 8 / 8

un somnifère	a sleeping pill / tablet	*rappel :* pill = *pilule ;* tablet = *comprimé*
déprimé	depressed	*nom :* depression
une dépression	a nervous breakdown	to break down = *craquer*
un psy	a shrink	
un psychanalyste	a psychoanalyst	*la psychanalyse :* psychoanalysis

un psychiatre	a psychiatrist	
un hôpital psychiatrique	a psychiatric hospital	
un aliéné, un dément	a lunatic	
être malade mental	to be mentally ill	
les malades mentaux	the mentally ill	*mêmes remarques que pour* terminally ill (7/8)
un anticorps	an antibody	
former des anticorps	to produce antibodies	
un gène	a gene	
la génétique	genetics	*sing. malgré le -s-*
l'ADN	DNA	desoxyribonucleic acid
héréditaire	hereditary	
les manipulations génétiques	genetic engineering	to engineer = *fabriquer, manigancer*
cloner	to clone	
le clonage	cloning	*sing. indén.*
un clone	a clone	
un rein	a kidney	
la transplantation d'organes	organ transplant	
transplanter un rein	to transplant a kidney	
le receveur	the recipient	*recevoir :* to be transplanted
le donneur	the donor	*donneur de sang :* blood donor
une cellule	a cell	
la médecine de haute technologie	hi-tech medicine	*sing. ; pas d'art.*
la déontologie (médicale)	(the) medical ethic	*att. l'éthique (= la morale) :* ethics

Quelques exemples

7

- Unfortunately there is still no cure for this form of cancer. — *Malheureusement, il n'y a encore aucun remède à cette forme de cancer.*
- For millions of Africans who have HIV-Aids there is no treatment available. — *Pour des millions d'Africains qui ont le Sida, il n'y a pas de traitement disponible.*
- The terminally-ill are left to die in appalling circumstances. — *On laisse les incurables mourir dans des conditions effroyables.*
- Doctors should be allowed to unplug life-support machines when the pain is unbearable. — *Les médecins devraient être autorisés à débrancher les machines de maintien en survie quand la douleur est insupportable.*

8

- Marilyn suffered from deep anxiety and took a lot of sleeping tablets.
  Marilyn était atteinte d'anxiété profonde et prenait beaucoup de somnifères.
- After her nervous breakdown she spent a few weeks in a psychiatric hospital.
  Après sa dépression, elle passa plusieurs semaines dans un hôpital psychiatrique.
- Shouldn't we prevent genetic engineering from leading to the cloning of humans?
  Ne devrions-nous pas empêcher les manipulations génétiques d'aboutir au clonage humain ?
- Organ transplants would be more frequent if there were enough donors.
  Les greffes d'organes seraient plus fréquentes s'il y avait assez de donneurs.

27. Holidays

Niveau 1 / 6

le(s) voyage(s)	travel	*souvent sing. indén.*
voyager	to travel	*prét. :* I travelled
aimer voyager	to like travelling	*gérondif car goût constant*
des vacances, un congé	a holiday	*ex :* I had a nice holiday
faire sa valise	to pack	*défaire ses v. :* to unpack
un voyageur	a traveller	US : traveler
un touriste	a tourist	
la mer	the sea	*l'océan :* the ocean
aller au bord de la mer	to go **to** the seaside	
la plage	the beach	*bien prononcer le i : long*
à la plage	**on** the beach	
la montagne	the mountains	*att. au pluriel*
aller au ski	to go skiing	att. redoublement du -i-
la route, la chaussée	the road	
l'autoroute	the motorway	US : freeway
prendre le train	to travel **by** train	*aller en voiture :* to drive (I drove, driven)
prendre un train	to **catch** a train	*ex :* I caught the 7 o'clock train
prendre l'avion	to fly	I flew, flown

Niveau 2 / 6

les grandes vacances	the summer holidays	*plur. car pluralité de congés*
être en vacances	to be **on** holiday	*att. sing.*
se réjouir de (à l'idée de)	to look forward **to**	*+ nom ou +* -ing
un voyage (excursion, visite)	a trip	*ex :* a trip to Scotland
un voyage (déplacement)	a journey	*ex :* a journey by train
partir en voyage	to go **on** a trip, to leave	I left, left
le chemin, la route, la voie	the way	*en route vers :* on the way to
partir loin	to go far away	*plus loin :* farther / further away
voyager à l'étranger	to travel abroad	*att :* abroad = *adv.*
les voyages à l'étranger	foreign travel	foreign = *adj.* *un étranger :* a foreigner
faire le tour du monde	to travel round the world	*en bateau :* to sail round the world
passer ses vacances à (+ lieu)	to spend one's holiday in	to spend, I spent, spent
un hôte	a guest	*celui qui est reçu*
une pension (de famille)	a guest house	

visiter un musée	to visit a museum	*rendre visite à qqn :* to pay someone a visit
séjourner dans un hôtel	to stay in a hotel	
rentrer (chez soi)	to come / go back home	
être rentré de vacances	to be back from holiday	

Niveau 3 / 6

une agence de voyages	a travel agent's	*aller à l'agence de v. :* to go to the travel agent's
réserver	to book	*réserver une place :* to book a seat
loger, contenir	to accommodate	*le logement :* accommodation
se reposer	to rest	*att. : pas de pronom réfléchi*
une chambre d'hôte	a bed and breakfast (B & B)	
un lieu agréable	a pleasant location	*att. : faux ami*
un complexe touristique	a tourist complex	
être situé	to **lie**	I lay, lain -*att. : intrans.*
attrayant	attractive	to attract : *attirer*
une aventure	an experience	*Quelle aventure ! :* What an experience!
le paysage	the landscape, the scenery	
une randonnée	a hike, a trek	trek *implique difficultés et montagnes*
faire de la randonnée	to go hiking / trekking	un randonneur : a hiker
le soleil se lève	the sun **rises**	I rose, risen *le lever du soleil :* sunrise
le soleil se couche	the sun sets	I set, set *le coucher du soleil :* sunset
pittoresque	picturesque	
la douane	the custom**s**	*att. : plur. un douanier :* a custom**s** officer
passer la douane	to go **through** (the) customs	
les contrôles douaniers	border controls	

Quelques exemples

1

- For the holidays do you usually go to the mountains or the seaside? — *En général, est-ce que tu vas en vacances à la montagne ou à la mer ?*
- We're going on a school trip to Edinburgh next week. — *Nous allons à Édimbourg en voyage scolaire la semaine prochaine.*
- Are you flying or driving there? — *Est-ce que tu y vas en avion ou en voiture ?*
- Have you done your packing yet? — *As-tu déjà fait tes valises ?*

2

- I would like to sail round the world. — *J'aimerais faire le tour du monde à la voile.*

•I'm looking forward to being on holiday soon.	*Je me réjouis (à l'idée) d'être bientôt en vacances.*
•I'm leaving for the Riviera next Sunday.	*Je pars pour la Côte d'Azur dimanche prochain.*
•They've gone to London to visit the British Museum.	*Ils sont partis à Londres visiter le British Museum.*
◦ I've never been abroad	*Je ne suis jamais allé à l'étranger.*

3

• The sun never seems to set in Scotland in summer.	*En été, en Écosse, le soleil ne semble jamais se coucher.*
• We had difficulty finding accommodation.	*Nous avons eu du mal à trouver un hébergement.*
• There should not be any more border controls within Europe.	*Il ne devrait plus y avoir de contrôles douaniers à l'intérieur de l'Europe.*
• I must go to the travel agent's to collect my plane tickets.	*Il faut que j'aille à l'agence de voyages chercher mes billets d'avion.*

Niveau 4 / 6

arriver (à / en)	to arrive (at / in)	*arriver à faire qqch. :* to **manage** to do smthg
atteindre	to reach	*atteindre sa destination :* to reach one's destination
être en voyage d'affaires	to be **on** a business trip	*att. à la préposition*
une hôtesse (de l'air)	an air hostess	*plur.* hostesses
un aller (simple)	a single ticket	
un aller-retour	a return ticket	*au retour :* on the way back
le (voyage) retour	the return journey	
le départ	departure	*l'heure de départ :* departure time
l'arrivée	arrival	*arriver à l'heure :* to arrive **on** time
un retard	a delay	***être retardé :*** to be delayed
annuler un vol	to cancel a flight	*pret. :* cancelled
changer de train	to change trains	*att. au plur.*
monter dans / descendre du train	to get **on** / **off** the train	
aller chercher qqn à l'aéroport	to meet someone at the airport	to meet, I met, met
l'hôte / l'hôtesse	the host / the hostess	*celui ou celle qui reçoit*
héberger qqn	to put s.o. up	*hébergement occasionnel*
la Manche	the (English) Channel	*outre-Manche :* across the Channel
traverser la Manche	to cross the Channel	
la mer du Nord	the North Sea	

l'Atlantique	the Atlantic Ocean	*outre-Atlantique :* across the Atlantic
une curiosité	a sight	*dans le sens de monument, site, etc.*
faire du tourisme	to go sightseeing	
cela vaut le détour / la visite	it is worth seeing / visiting	*et non :* being seen

Niveau 5 / 6

des vacances aventure	an adventure holiday	*att. : sing. s'il ne s'agit que d'un séjour, pl. dans le cas contraire*
une excursion	an outing, an excursion	
voyager pas cher	to travel **on** the cheap	*att. à la prép.*
les vacances à la campagne	holidays in the countryside	country : *ambigu car signifie aussi le pays*
la pension complète	full board	*s'emploie uniquement au sing.*
vivre à la dure	to rough it	
faire du camping	to go camping	*un camping :* a campsite
planter sa tente	to pitch one's tent	
un routard	a backpacker	
une île au soleil	an island **in** the sun	
bronzer	to get a suntan	to get, I got, got (US : gotten)
se la couler douce	to take it easy	to take, I took, taken
se détendre	to relax	*att. : pas de pronom réfléchi*
	to unwind	to unwind, I unwound, unwound
fuir le quotidien	to get away from it all	
rechercher le dépaysement	to seek a change of scenery	to seek, I sought, sought
l'exotisme	exoticism	*subst. abstrait, pas d'article*
une coupure, un repos	a break	*un jour de repos :* a day off
une activité de loisirs	a hobby	*pl. :* hobbies
pourvoir aux besoins des touristes	to cater for tourists	a caterer : *un traiteur*

Niveau 6 / 6

la société des loisirs	the leisure society	*les loisirs :* leisure *(indén. sing.)*
faire des projets de vacances	to plan a holiday	
hors des sentiers battus	**off** the beaten track	to beat, I beat, beaten ; track : *la piste*
passer la nuit à	to stay overnight at / in	overnight, *adv. : du jour au lendemain*
Chambres à Louer	Vacancies	*Complet :* No Vacancies
un hôtel cinq étoiles	a five-star hotel	five-star : *adj. donc sing.*
voyager en première	to travel first class	*att ; pas de prép.*
être bondé	to be overcrowded	
une colonie de vacances	a holiday camp	
un voyage organisé	a package holiday / tour	*un voyagiste :* a tour operator
le tourisme de masse	mass tourism	
un guide touristique	a guidebook	*un guide (personne) :* a guide
une devise étrangère	a foreign currency	a hard currency : *une monnaie forte*
un autochtone	a native, a local	
une activité (non) polluante	a (non) polluting activity	*polluer :* to pollute
dénaturer (un lieu)	to spoil	I spoilt, spoilt
une contrée vierge (intacte)	an unspoilt area	
être coupé du (reste du) monde	to be cut off from the rest of the world	to cut, I cut, cut

Quelques exemples

4

• I wish you would go and meet your grandmother at the station.	*J'aimerais que tu ailles chercher ta grand-mère à la gare.*
• During the return journey we had to change trains three times.	*Au retour, nous avons dû changer trois fois de train.*
• We reached our destination late at night.	*Nous sommes arrivés à destination tard dans la nuit.*
• As usual all the flights were delayed.	*Comme d'habitude, tous les vols étaient retardés.*

5

• I was desperately in need of a break.	*J'avais absolument besoin d'une coupure.*
• Some people seek a change of scenery in far-away countries.	*Certains recherchent le dépaysement dans des pays lointains.*
• He's a real backpacker, he doesn't mind roughing it.	*C'est un vrai routard, cela ne le gêne pas de vivre à la dure.*
• All those exotic countries now know how to cater for Western tourists.	*Désormais tous ces pays exotiques savent pourvoir aux besoins des touristes occidentaux.*

6

- The French Riviera is dreadfully overcrowded in Summer.
  La Côte d'Azur est terriblement surpeuplée en été.
- We decided to stay overnight in a five-star hotel.
  Nous avons décidé de passer la nuit dans un (hôtel) cinq étoiles.
- Many people choose package holidays because there is no hassle.
  Beaucoup de gens choisissent des voyages organisés parce qu'il n'y a aucun tracas.
- Because of mass tourism, there are hardly any unspoilt places left.
  Du fait du tourisme de masse, il n'y a presque plus de lieux intacts.

28. Country Life

Niveau 1 / 6

la campagne	the country	*sing. autre sens : le pays*
ou :	the countryside	
la nature	nature	*sing. indén. pas d'art.*
la terre	(the) land	*sing. ; autre sens : de la terre, des terres*
un cultivateur, un fermier	a farmer	
un paysan	a peasant	*souvent péjoratif ou archaïque*
une ferme	a farm	
un animal	an animal	
un cheval	a horse	*cheval de trait :* dray horse
une jument	a mare	
un cochon	a pig	
une vache	a cow	
un veau	a calf	*plur.* calves
un bœuf	an ox	*plur.* oxen
un taureau	a bull	
un mouton	a sheep	*plur.* sheep
une brebis	a ewe	
un agneau	a lamb	*ne pas prononcer le* -b *final*
une chèvre	a goat	*un bouc :* a billy-goat
un âne	a donkey	
un poulet	a chicken	
une poule	a hen	*un coq :* a rooster
un canard	a duck	
une oie	a goose	*plur.* geese
un troupeau	a herd	*bétail*
ou :	a flock	*oies ou moutons*
l'herbe	grass	*sing. indén.*
un champ	a field	
une forêt	a forest	
un bois	a wood	*du bois (sing. indén.) :* wood
un arbre	a tree	*un arbre fruitier :* a fruit tree
une récolte, une culture	a crop	*cf. type de culture*
planter	to plant	
labourer	to plough	US : to plow
pousser	to grow	I grew, grown ; *intrans.*
faire pousser	to grow	I grew, grown ; *trans.*
paître	to graze	

Niveau 2 / 6

un éleveur	a breeder	
le bétail	cattle	*sing. indén. ; une tête de bétail :* a head of cattle
une étable	a cow-shed	
une écurie	a stable	
une grange	a barn	
un vétérinaire	a vet(erinarian)	
les produits agricoles	agricultural produce	*att. sing. indén.*
le lait	milk	
une vache laitière	a milchcow	
la crème	cream	
le beurre	butter	
le fromage	cheese	
les produits laitiers	dairy produce	*sing. indén.*
la viande	meat	*sing. indén.*
le porc	pork	
le bœuf	beef	
le veau	veal	
le mouton	mutton	*de l'agneau :* (some) lamb
un verger	an orchard	
un fruit	a fruit	*des fruits* : fruit *(sing. indén.) ou* fruits
une pomme	an apple	*pommier :* apple-tree
une pêche	a peach	*pêcher :* peach-tree
une poire	a pear	*poirier :* pear-tree
un abricot	an apricot	*abricotier :* apricot-tree
une prune	a plum	*prunier :* plum-tree
le raisin	grapes	
gras	fat	to fatten : *engraisser (un cochon etc.)*
mûr	ripe	
taste	le goût	tasty : *goûteux ;* tasteless : *sans goût*
mûrir	to ripen	
cueillir	to pick	
traire	to milk	
écrémer	to skim	*autre sens : écumer*
élever	to raise	
ou :	to breed	I bred, bred ; *autre sens :* engendrer

Niveau 3 / 6

l'agriculture		farming	*sing. indén. pas d'art.*
agraire, agricole		agricultural	
végétal		vegetable	*adj.*
les légumes		vegetables	
une pomme de terre		a potato	*plur.* potatoes
une carotte		a carrot	*att. à l'ortho.*
un poireau		a leek	
une tomate		a tomato	*plur.* tomatoes
un chou		a cabbage	chou-fleur = *cauliflower*
les choux de Bruxelles		Brussels sprouts	
une salade, une laitue		a lettuce	*att.* salad = *légumes ou fruits préparés en salade*
une céréale		a cereal	
le blé		corn	GB
	ou :	wheat	US ; *(GB = le froment)*
le maïs		maize	GB
	ou :	corn	US
le foin		hay	*le rhume des foins :* hay fever
la paille		straw	
la récolte, la moisson		(the) harvest	
un pré		a meadow	
le vin		wine	
un pied de vigne		a vine	
un viticulteur		a wine-grower	
une vigne		a vineyard	
les vendanges		the wine harvest	*sing.*
le sol, la terre		the ground	
	ou :	the soil	*en particulier pour décrire la qualité agricole*
fertile		fertile	
infertile, stérile		barren	
arroser		to water	
prospérer		to thrive	
tirer		to draw	I drew, drawn
récolter, moissonner		to harvest	
dépendre de		to depend **on**	

Quelques exemples

1

- Formerly peasants had small farms and owned very little land. — *Autrefois, les paysans avaient de petites fermes et possédaient très peu de terres.*
- They grew various crops and kept chickens, cows and goats. — *Ils cultivaient diverses récoltes et élevaient poulets, vaches et chèvres.*
- They used horses and oxen to plough their fields. — *Ils utilisaient chevaux et bœufs pour labourer leurs champs.*
- They were closer to nature than modern farmers. — *Ils étaient plus proches de la nature que les cultivateurs modernes.*

2

- Why do they always pick fruit before it is ripe? — *Pourquoi cueillent-ils toujours les fruits avant qu'ils ne soient mûrs ?*
- Full fat milk straight from the farm is tastier than skimmed milk! — *Le lait entier venant tout droit de la ferme est meilleur que le lait écrémé !*
- Today few animals are raised in the open, that is why meat is tasteless. — *Aujourd'hui, peu d'animaux sont élevés en plein air, voilà pourquoi la viande n'a pas de goût.*
- Goat's cheese and ewe's cheese are said to be healthier. — *On dit que le fromage de chèvre et celui de brebis sont plus sains.*

3

- The soil of Midwestern plains is ideal for growing wheat and corn. — *La terre des plaines du Middle West est idéale pour faire pousser le blé et le maïs.*
- Enormous quantities of potatoes and Brussels sprouts grow in Lincolnshire. — *Des quantités énormes de pommes de terre et de choux de Bruxelles poussent dans le Lincolnshire.*
- Vines thrive on poor, almost barren soil and don't need watering. — *La vigne prospère sur des sols pauvres, presque désertiques et n'a pas besoin d'arrosage.*
- The quality of the grapes depends on the amount of sunshine in the weeks before the wine harvest. — *La qualité des raisins dépend de l'ensoleillement dans les semaines qui précèdent les vendanges.*

Niveau 4 / 6

le paysage		the landscape	
	ou :	the scenery	
un village		a village	
un villageois		a villager	
un hameau		a hamlet	
sain, bon pour la santé		sound	
sain, en bonne santé		healthy	*la santé :* health
rustique		rustic	
l'ennui		boredom	*sing. indén. ; pas d'art.*
ennuyeux		boring	
	ou :	tedious	*l'ennui :* tedium
triste, ennuyeux		dull	

idyllique	idyllic	
pittoresque	picturesque	
charmant	charming	
attrayant	attractive	*l'attrait :* attraction
une vie simple	a plain life	
arriéré	backward	
un ruisseau	a stream	*autres sens : un courant, un cours d'eau*
une haie	a hedge	
autosuffisant	self-sufficient	
l'agriculture en autarcie	subsistence farming	
l'agriculture industrielle	industrial farming	
le temps	the weather	
le climat	the climate	
se débarrasser de	to do away with	
arracher	to uproot	
ou :	to root up	
grandir à la campagne	to grow **up** in the country	
retourner à la nature	to go back to nature	
s'ennuyer	to get bored	
Il ne se passe jamais rien.	Nothing **ever** happens.	*att. à ne pas utiliser la double négation avec* never

Niveau 5 / 6

la culture (agriculture)	cultivation	*cf. le fait de cultiver*
un ouvrier agricole	a farm labourer	
l'outillage agricole	farm implements	
un tracteur	a tractor	
une moissonneuse-batteuse	a combine harvester	
une récolte record	a bumper crop	
une espèce	a species	*même ortho. au sing. et au plur.*
un produit chimique	a chemical (product)	*plur.* chemicals *ou* chemical products
un pollueur	a polluter	
un pesticide	a pesticide	
un engrais	a fertilizer	
l'empoisonnement	poisoning	
un poison	a poison	
les aliments	food	*sing. indén.*
ou :	foodstuffs	
la chair	flesh	

un syndicat paysan	a farmers' union	
l'exode rural	the rural exodus	
une petite exploitation	a small farm	
la petite exploitation	small-scale farming	*sens abstrait, type d'exploitation*
(non) rentable	(un)profitable	
la rentabilité	profitability	*indén. sing. ; pas d'art.*
les eaux souterraines	underground water	*sing.*
une nappe phréatique	an aquifer	
les poulets de batterie	battery chickens	
cultiver (un champ)	to till	
polluer	to pollute	
empoisonner	to poison	

Niveau 6 / 6

une semence	a seed	
transgénique	transgenic	
les OGM	GMCs	genetically modified crops
le génie génétique	genetic engineering	to engineer = *usiner, élaborer*
l'industrie agro-alimentaire	agribusiness	
productif	productive	
le rendement	the yield	
le rendement à l'hectare	the yield **per** hectare	
un excédent	a surplus	
la surproduction	overproduction	
la Politique Agricole Commune	the Common Agricultural Policy	
les jachères	set-aside land	
limiter la production	to limit production	
les quotas laitiers	milk quotas	
l'élevage intensif	intensive breeding	
l'ESB	BSE	*pas d'art.*
la maladie de la vache folle	mad cow disease	*pas d'art.*
l'aliment pour le bétail	cattle feed	
un abattoir	a slaughter-house	
biologique	organic	
l'agriculture bio	organic farming	
gérer, exploiter	to manage	
ou :	to run	I ran, run
semer	to sow	I sowed, sown
nourrir	to feed	I fed, fed
abattre	to slaughter	*autre sens : massacrer (pour des humains)*

Quelques exemples

4

- Some people think that nothing ever happens when you live in the country. — *Certains pensent qu'il ne se passe jamais rien quand on vit à la campagne.*
- You have ample time to get bored on dull winter days. — *Les tristes jours d'hiver, on a tout le temps de s'ennuyer.*
- Subsistence farming looks idyllic but it can be a hard and boring life. — *L'agriculture en autarcie semble idyllique, mais ce peut être une vie dure et ennuyeuse.*
- Industrial farming has done away with hedges, thus spoiling many regions. — *L'agriculture industrielle a fait disparaître les haies, gâchant ainsi beaucoup de régions.*

5

- Modern implements have reduced the number of farm labourers. — *L'outillage moderne a réduit le nombre d'ouvriers agricoles.*
- The disappearance of small farms has accelerated the rural exodus. — *La disparition des petites exploitations a accéléré l'exode rural.*
- The massive use of pesticides and fertilizers is poisoning aquifers. — *L'emploi massif de pesticides et d'engrais empoisonne les nappes phréatiques.*
- Not only are battery chickens or pigs raised in appalling conditions, but their flesh is tasteless. — *Non seulement les poulets ou cochons de batterie sont élevés dans des conditions abominables mais leur chair est insipide.*

6

- Should we allow GM crops before being sure they are safe? — *Devrions-nous autoriser les OGM avant de savoir s'ils sont sans danger ?*
- The Common Agricultural Policy had to impose set-aside land to limit production. — *La PAC a dû imposer des jachères pour limiter la production.*
- Mad cow disease results from industrial breeding and the use of contaminated cattle feed. — *La maladie de la vache folle est le résultat de l'élevage industriel et de l'utilisation d'aliments contaminés.*
- It seems that organic farming is bound to develop in the future. — *Il semble que l'agriculture bio soit destinée à se développer dans l'avenir.*

29. City Life

Niveau 1 / 5

une ville		a town	
une grande ville		a city	*comprend généralement un centre historique*
la vie urbaine		urban life	*sing. indén. ; pas d'art.*
le centre-ville		the city centre	*ou* town centre
	ou :	the inner city	US ; *souvent associé à la misère urbaine*
un voisin		a neighbour	US neighbor
un quartier		a quarter	*autre sens :* un quart
	ou :	a neighbourhood	
une rue		a street	road = *route, chaussée*
animé		busy	*autre sens : occupé*
amical, convivial		friendly	
attrayant		attractive	
un magasin		a store	
une boutique		a shop	
une vitrine		a shop window	to go window shopping = *faire du lèche-vitrines*
une place		**a square**	*att.* place = *endroit, lieu*
un passant		a passer-by	*plur.* passers-by
un piéton		a pedestrian	*un passage pour piétons :* a pedestrian crossing
la circulation		(the) traffic	
le commissariat de police		the police station	
la poste		the post office	*mot à mot : bureau de poste*
l'isolement		**isolation**	insulation = *l'isolation*
construire		to build	I built, built
réhabiliter		to rehabilitate	
vivre à Londres		to live in London	
vivre seul		to live alone	
	ou :	to live on one's own	*att. conjuguer :* on my own, on your own etc.
se promener		to walk around	
faire ses courses		to do one's shopping	*att. conjuguer :* I do my shopping etc.

Niveau 2 / 5

les transports en commun	public transport	*sing. indén.*
une gare	a station	*gare de chemin de fer :* railway station
le métro	the underground (railway)	
ou :	the tube	*à Londres*
ou :	the subway	US
un tramway	a streetcar	US
ou :	a tramway	
un arrêt de bus	a bus stop	
la circulation	(the) traffic	
un bouchon	a (traffic) jam	
une capitale	a capital (city)	
citadin, urbain	urban	*adj.*
un citadin	a city-dweller	*nom*
les distractions	entertainment(s)	*plur. ou indén. sing.*
un cinéma	a cinema	*aller au cinéma :* to go to the cinema, to go to the pictures
ou :	a movie theater	*US*
un opéra	an opera house	*lieu de spectacles lyriques*
une salle de concert	a concert hall	
une zone	an area	
une zone piétonne	a pedestrian area	
une foule	a crowd	
un appartement	a flat	*cf. aussi : un logement*
ou :	an apartment	*att. à l'ortho.*
un grand immeuble d'habitation	a block of flats	
un immeuble de bureaux	an office block	
le béton	concrete	*sing. indén. ; pas d'art.*
la solitude	loneliness	*cf. détresse psychologique*
se sentir seul	to feel lonely	
sortir	to go out	I went, gone
rester, séjourner	to stay	
attendre	to wait (for)	
faire la queue	to queue (up)	
monter	to get on	*bus, métro, train*
descendre	to get off	*idem*

Niveau 3 / 5

une très grande ville, une métropole	a metropolis	
la deuxième ville (en taille)	the second largest city	*peut se décliner :* third largest, fourth largest etc.
un port	a port	*un aéroport :* an airport
ou :	a harbour	US harbor
le cœur de la ville	the heart of the city	
le centre de Liverpool	downtown Liverpool	*att.* downtown *est adj. ou adv.*
une plaque-tournante	a hub	*premier sens : le moyeu d'une roue*
le quartier des affaires	the business centre	
un trottoir	a pavement	
ou :	a sidewalk	US
un pavé	a paving-stone	
un automobiliste	a motorist	
un conducteur	a driver	
un parking	a car park	parking = *le fait de garer*
une place de parking	a parking space	
embouteillé	congested	
calme	quiet	
l'hôtel de ville, la mairie	the town hall, the city hall	
la municipalité	the town (city) council	
l'urbanisme	town (city) planning	
un urbaniste	a city planner	
adapté aux usagers, convivial	user-friendly	
un jardin public	a park	
un espace vert	a green area	
un clochard	a tramp	
un mendiant	a beggar	
un sans-abri	a homeless person	*les sans-abris :* the homeless *(adj. subst.)*
mendier	to beg	
faire la manche	to busk	a busker = *qqn qui fait la manche en jouant de la musique*
se promener (flâner)	to stroll	
traîner	to loiter	
habiter en centre-ville	to live downtown	*ici adv.*
garer	to park	
planifier	to plan	
ou :	to lay out	to lay, I laid, laid

Quelques exemples

1

- He's been living in london for 20 years. — *Il y a 20 ans qu'il habite à Londres.*
- A large store is being built on the other side of the street. — *On construit actuellement un grand magasin de l'autre côté de la rue.*
- She lives on her own, but she has friendly neighbours. — *Elle vit seule, mais elle a de bons voisins.*
- Once they are rehabilitated, inner cities become very attractive. — *Une fois réhabiltés, les vieux centres villes deviennent très attrayants.*

2

- City dwellers can go to the theatre whenever they want. — *Les citadins peuvent aller au théâtre chaque fois qu'ils le veulent.*
- There were crowds queuing up in front of the cinemas. — *Il y avait la foule qui faisait la queue devant les cinémas.*
- I could not stand driving every day in traffic jams. — *Je ne pourrais supporter de conduire chaque jour dans des embouteillages.*
- We always get off the bus on a small square near the opera house. — *Nous descendons toujours du bus sur une petite place près de l'opéra.*

3

- Chicago airport is a major hub for North American air traffic. — *L'aéroport de Chicago est une plaque tournante majeure pour le trafic aérien nord-américain.*
- When they can't find any parking space motorists park on the pavement. — *Quand ils ne peuvent trouver de place, les automobilistes garent sur le trottoir.*
- Some town councils do not want beggars in the heart of the city… — *Certaines municipalités ne veulent pas de mendiants au cœur de la ville…*
- Christine lives downtown to go window shopping every day. — *Christine vit en centre ville pour faire du lèche-vitrine chaque jour.*
- The business centre is congested on weekdays, but very quiet on weekends. — *Le quartier des affaires est embouteillé en semaine, mais très calme le weekend.*

Niveau 4 / 5

les banlieues	the outskirts	*plur.*
une banlieue, un faubourg	a suburb	suburban *(adj.) = suburbain, des banlieues*
un banlieusard	a commuter	*qui travaille en ville et fait la navette journalière*
des feux tricolores	traffic lights	
un carrefour	a crossroads	
bondé	crowded	*cf. le métro aux heures de pointe*
surpeuplé	overpopulated	
grouillant d'activité	bustling	
fortement peuplé	densely populated	
débordant de vie	vibrant	
la publicité	advertising	*sing. indén. ; sens générique*

une publicité	an advertisement	*dén.*
une affiche	a placard	
un panneau publicitaire	a hoarding	
la vie nocturne	night life	*sing. indén. ; pas d'art.*
les heures de pointe	peak hours	
la circulation aux heures de pointe	rush-hour traffic	
enfiévré, endiablé	hectic	
l'agoraphobie	agoraphobia	*sing. indén. ; pas d'art.*
un promoteur immobilier	a property developer	
une pénurie de logements	a housing shortage	
faire de la publicité (pour)	to advertise	*trans. direct*
se précipiter	to rush	
se dépêcher	to hurry	
faire la navette journalière	to commute	
fuir la ville	to flee from the city	

Niveau 5 / 5

un ghetto	a ghetto	*plur.* ghettos
un taudis	a slum	*cf. vétusté et décrépitude*
un bidonville	a shanty town	
l'agressivité	aggressiveness	*sing. indén. ; pas d'art.*
laid	ugly	*la laideur :* ugliness
sinistre, lugubre	bleak	
ou :	dismal	
sale, noirci, encrassé	grimy	grime = *la crasse*
à l'abandon	derelict	
croulant, qui s'effrite	crumbling	
irrespirable	unbreathable	
la fumée	smoke	
la chape de pollution urbaine	the smog	= smoke + fog *(brouillard)*
des banlieues tentaculaires	sprawling suburbs	to sprawl = *se vautrer*
une émeute	a riot	
la police anti-émeute	the riot police	
un voyou (violent)	a mugger	*souvent toxicomane en manque*
un vandale	a hooligan	
le vandalisme	hooliganism	*sg.*
un graffiti	a graffito	*plur.* graffiti
vandaliser	to vandalize	*att. à l'ortho.*
tabasser	to mug	*le tabassage :* mugging
piller	to loot	

juguler	to curb	
détériorer, endommager	to damage	
incendier un bâtiment	to set fire to a building	to set, I set, set
démolir	to pull down	
rénover	to renovate	
renverser	to knock down	*cf. piéton*
écraser	to run over	*idem ;* to run, I ran, run

Quelques exemples

4

- It is easier to find flats in the suburbs than in the crowded inner cities. — *Il est plus facile de trouver un appartement en banlieue que dans le centre surpeuplé.*
- Every morning they have to hurry in order to avoid rush-hour traffic. — *Tous les matins, ils doivent se dépêcher pour éviter la circulation à l'heure de pointe.*
- Commuters have such a hectic existence that they cannot enjoy the city's vibrant nightlife. — *Les banlieusards ont une existence si trépidante qu'ils ne peuvent profiter de l'intense vie nocturne de la ville.*
- In Summer city-dwellers flee from the city... to be caught in other traffic jams on the French Riviera. — *En été, les citadins fuient la ville... pour se trouver pris dans d'autres embouteillages sur la Côte d'Azur.*

5

- The motor traffic is so dense that a thick smog permanently hangs over the city. — *La circulation automobile est si dense qu'une chape de pollution pèse constamment sur la ville.*
- Hooligans took advantage of the riots to loot all the shops they could. — *Des vandales ont profité de l'émeute pour piller toutes les boutiques qu'ils ont pu.*
- I hate all those ugly sprawling suburbs with their identical megastores. — *Je déteste toutes ces banlieues tentaculaires et leurs grandes surfaces identiques.*
- Property developers are more interested in building luxury blocks of flats than in renovating slums. — *Les promoteurs immobiliers sont plus intéressés par la construction d'immeubles de logements luxueux que par la rénovation de taudis.*

30. Art

Niveau 1 / 8

l'art		art	*sing. indén. ; pas d'article*
les beaux arts		the fine arts	*att.* arts *(sans article) = les lettres*
un artiste		an artist	
favori		favourite	
classique		classical	*adj.*
un classique		a classic	*nom ; œuvre réputée*
moderne		modern	
un peintre		a painter	
une toile, un tableau		a picture	*autre sens = image, photo*
	ou :	a painting	
une couleur		a colour	US color
un musée		a museum	
le cinéma		cinema	*une salle de cinéma :* a cinema (GB) ; a movie theater (US)
aller au cinéma		to go to the pictures / to the cinema / to the movies	
un film		a film	
	ou :	a movie	US
une vedette		a star	
la musique		music	
une chanson		a song	
chanter		to sing	I sang, sung
un chanteur, une chanteuse		a singer	
aimer, apprécier		to care **for**	*att. à la prép.*
être porté sur		to be keen on	*att. à la prép.*
la danse		dancing	*att. à l'ortho.*
jouer		to play	
danser		to dance	*att. à l'ortho.*
peindre		to paint	

Niveau 2 / 8

une œuvre d'art		a work of art	*att. npc avec* work *(le travail) qui est indén. sing.*
artistique		artistic	
artificiel		artificial	
superficiel		superficial	
	ou :	shallow	*mot à mot : peu profond*

	deep	*la profondeur :* depth
ou :	profound	
	creative	*la créativité :* creativity
	original	
	sensitive	*att.* sensible = *sensé*
	sensitivity	
	sensibility	
	genius	*att. génial :* brilliant
	…erature	*att. ortho. ; pas d'art.*
	…ll-known	*comparatif :* better-known ; *superlatif :* best-known
	…uthor	
	…ter	
	…el	
	[illegible] story	
	an actor / an actress	
…, le public	the audience	
…pièce de théâtre	a play	
un dramaturge	a playwright	*attention à l'ortho.*
un romancier, une romancière	a novelist	
un poète	a poet	
la poésie	poetry	*sing. indén. ; pas d'art.*
un poème	a poem	
ou :	a piece of poetry	
jouer, se produire	to perform	
jouer un rôle, se donner en spectacle	to act	

Niveau 3 / 8

la célébrité, la réputation	fame	*sing. indén.*
populaire (parmi)	popular (with)	*attention à la prép.*
célèbre	famous	
spirituel, plein d'esprit	witty	*un homme d'esprit :* a wit
l'esprit	wit	*sing. indén.*
l'imagination	imagination	*imaginatif :* imaginative
ou :	fantasy	*autre sens : fantasme*
la mélancolie	melancholy	*att. à l'ortho.*
mélancolique	melancholy	*att. adj. identique au nom*
léger	light	*autre sens : clair*
émouvant	moving	
passionnant	exciting	
ennuyeux, peu intéressant	dull	

rebattu, rabâché	hackneyed	
le goût	taste	tasteful : *de bon goût ;* tasteless : *sans goût, de mauvais goût*
le réalisme	realism	*sing. indén. ; réaliste :* realistic
une utopie	a utopia	*att. à l'article ; utopique :* utopian
un détail	a detail	
un orchestre	an orchestra	
un instrument de musique	a musical instrument	
écouter de la musique (classique)	to listen to (classical) music	*att. à la prép.*
un compositeur	a composer	
un chef d'orchestre	a conductor	to conduct : *diriger*
esthétique	aesthetic	*attention à l'ortho.*
la peinture (l'art)	painting	*sing. indén.*
une caricature	a caricature	*cf.* a caricaturist
l'architecture	architecture	*idem*
un architecte	an architect	
caricaturer	to caricature	
s'exprimer	to express one's feelings	
communiquer, faire passer	to convey	a feeling, an idea etc.

Quelques exemples

1

• I do not really care for modern art.	*Je ne suis pas vraiment porté sur l'art moderne.*
• But I am keen on classical music.	*Mais j'adore la musique classique.*
• Humphrey Bogart played in many detective movies.	*Humphrey Bogart joua dans de nombreux films policiers.*
• Some of his films, like *Casablanca,* have become classics.	*Certains de ses films, comme Casablanca, sont devenus des classiques.*
• He only goes to the cinema to see special effect movies.	*Il ne va au cinéma que pour voir des films à effets spéciaux.*

2

• Somerset Maugham is mainly famous as a short-story writer.	*Somerset Maugham est célèbre principalement comme auteur de nouvelles.*
• Shakespeare is the best-known English playwright.	*Shakespeare est le dramaturge anglais le plus connu.*
• The three Brontë sisters have become world-renowned writers.	*Les trois sœurs Brontë sont devenues des ecrivaines de renommée mondiale.*
• *To Autumn* is one of the most beautiful poems written by John Keats.	*Ode à l'Automne est l'un des plus beaux poèmes écrits par John Keats.*
• As an actress she loved to perform before large audiences.	*Comme actrice, elle adorait jouer devant de larges publics.*

3

- Thomas Beecham was a wit as well as a great conductor. — *Thomas Beecham fut un homme d'esprit en même temps qu'un grand chef d'orchestre.*
- In his sonatas the composer conveys his romantic melancholy. — *Dans ses sonates, le compositeur communique sa mélancolie romantique.*
- Some considered Hogarth's caricatures to be in bad taste. — *Certains considéraient les caricatures de Hogarth comme de mauvais goût.*
- Dickens' pretendedly realistic novels only show his vivid imagination. — *Les romans prétendument réalistes de Dickens ne font que montrer son imagination fertile.*

Niveau 4 / 8

un drame, une pièce de théâtre	a drama	
une tragédie	a tragedy	
une comédie	a comedy	
un comédien, une comédienne	an actor, an actress	a comedian : *un comique*
le théâtre	drama	*sing. indén. au sens d'art théâtral*
un rôle	a part	
les applaudissements	applause	*sing. indén.*
la scène	the stage	*les planches*
une scène	a scene	*division d'un acte*
un acte	an act	
un spectacle	a show	
le décor	the set	
une représentation, une interprétation	a performance	
une répétition	a rehearsal	
la générale (représentation)	the dress rehearsal	
la première	the first night	of the play
un succès	a success	
ou :	a hit	*cf.* to hit = *frapper, atteindre sa cible*
un four, un échec	a flop	
fascinant, captivant	fascinating	
ennuyeux	tedious	*l'ennui :* tedium
vulgaire	vulgar	
subtile	subtle	*att. à l'ortho.*
***un** critique (d'art)*	a(n art) critic	*critiquer :* to criticize, to review
***la** critique (d'art)*	criticism	*sing. indén.*
une critique	a review	*article de revue ou journal*
mettre en scène	to stage	*théâtre*
ou :	to direct	*cinéma*

les coulisses	the wings	*souvent au plur.*
applaudir	to applaud	
ou :	to clap one's hands	*att. de conjuguer :* they clap their hands etc.
bisser	to encore	
siffler, huer	to boo	*un acteur, une pièce*

Niveau 5 / 8

la musique classique	classical music	*sing. indén. ; pas d'article*
le jazz	jazz	*idem*
un groupe (de jazz etc.)	a (jazz) band	
un ensemble de cuivres, une fanfare	a brass band	
le rythme	rhythm	*sing. indén. ; att. à l'ortho.*
un air	a tune	
les paroles	the lyrics	
un opéra	an opera	*œuvre lyrique*
ou :	an opera house	*lieu*
des instruments à vent	wind instruments	
des instruments à cordes	string instruments	
un violon	a violin	*att. à l'ortho. ; un violoniste :* a violinist
un violoncelle	a cello	
un alto	a viola	
un clavecin	a harpsicord	
une (guitare) basse	a bass (guitar)	
une contrebasse	a double bass	
un quatuor	a quartet	string quartet : *quatuor à cordes*
un quatuor de Schubert	a quartet by Schubert	*att. à la prép. ; constr. avec* of *impossible*
la 5e Symphonie de Beethoven	Beethoven's Fifth Symphony	*constr. avec* of *impossible*
un chanteur d'opera	an opera singer	
un danseur d'opéra	a ballet dancer	
une ballerine	a ballerina	
une cantatrice	a diva	
grave	low-pitched	
ou :	deep	*cf. une voix*
aigu	high-pitched	
ou :	shrill	
solennel	solemn	*att. à l'ortho.*
pathétique	pathetic	
expressif	expressive	

jouer du piano	to play the piano	
chanter juste	to sing in tune	
chanter faux	to sing out of tune	
enregistrer	to record	
accorder	to tune	

Niveau 6 / 8

un chef-d'œuvre	a masterpiece	
une galerie d'art	an art gallery	*att. à l'ortho.*
l'art contemporain	modern art	
les milieux artistiques	artistic circles	
une exposition d'art	an (art) exhibition	
un objet exposé	an exhibit	
un portrait	a portrait	
un paysage	a landscape	a seascape : *une marine*
une nature morte	a still life	
une aquarelle	a water colour	
une gravure, une estampe	an etching	*cf. eau-forte*
une croûte	a daub	*cf. un mauvais tableau*
un collectionneur d'art	an art collector	
authentique	genuine	
ravissant, exquis	exquisite	
coloré	colourful	
vif, éclatant	vivid	*pour une couleur, une description etc.*
discordant	clashing	to clash = *se heurter, jurer (pour des couleurs)*
criard, voyant	gaudy	
pittoresque	picturesque	
figuratif	figurative	
laid	ugly	
abstrait	abstract	*att. à l'ortho.*
maladroit	clumsy	
lumineux, éclatant	bright	
surfait	overrated	
à l'arrière-plan	in the background	
au premier plan	in the foreground	
exposer	to exhibit	*n.p.c. avec* to expose *= dévoiler au grand jour*
faire le portrait de qqn	to portray s.o.	*souvent au sens littéraire*
dépeindre	to depict	*idem*
esquisser	to sketch	a sketch : *une esquisse*

Quelques exemples

4

- Branagh played Hamlet but critics said he was too old for the part. — *Branagh jouait Hamlet mais les critiques disaient qu'il était trop âgé pour ce rôle.*
- Despite good reviews, the play was a flop and the public booed it. — *En dépit de critiques flatteuses, la pièce fut un four et le public hua.*
- I found her performance uninteresting, not to say tedious. — *J'ai trouvé son interprétation sans intérêt, pour ne pas dire ennuyeuse.*
- Oscar Wilde's plays may be subtle and witty, but I can't say I like them. — *Il se peut que les pièces de Wilde soient subtiles et spirituelles, mais je ne puis dire que je les aime.*

5

- Don't tell me the diva sang out of tune! — *Ne me dites pas que la cantatrice chantait faux !*
- This young pianist has just recorded Beethoven's complete sonatas. — *Ce jeune pianiste vient d'enregistrer l'intégrale des sonates de Beethoven.*
- I like some of his tunes, but the lyrics of his songs are pathetic! — *J'aime bien certaines de ses musiques, mais les paroles de ses chansons sont lamentables !*
- This piano needs tuning. — *Ce piano a besoin d'être accordé.*

6

- Some connoisseurs claim that Picasso is an overrated artist. — *Certains connaisseurs prétendent que Picasso est un artiste surfait.*
- Turner's exquisite etchings depict life in 19th-century Europe. — *Les exquises gravures de Turner dépeignent la vie dans l'Europe du XIXe.*
- Gainsborough achieved fame both as a portrait and landscape painter. — *Gainsborough acquit la célébrité à la fois comme portraitiste et comme paysagiste.*
- The first time he exhibited his works, critics disapproved of his clashing colours. — *La première fois qu'il exposa ses œuvres, les critiques lui reprochèrent ses couleurs discordantes.*

Niveau 7 / 8

the screen	l'écran	
un producteur	a producer	
un scénariste	a script writer	
un scénario	a screenplay	
un sous-titre	a subtitle	*parfois aussi :* caption
un court métrage	a short film	
un long métrage	a full-length film	
un film muet	a silent film (movie)	
un film à suspense	a thriller	
un rebondissement	a development	
une comédie musicale	a musical	
un dessin animé	an animated cartoon	
une cascade	a stunt	stuntman = *cascadeur*

à couper le souffle, palpitant	breathtaking	
un metteur en scène, un réalisateur	a director	stage director *pour le théâtre*
le tournage	the shooting	
un plan rapproché	a close-up	
un grand succès cinématographique	a blockbuster	
la distribution	the cast	
un cachet	a fee	
la publicité tapageuse	hype	*sing. indén.*
les produits dérivés	merchandising	*sing. indén.*
tourner un film	to shoot a film	to shoot, I shot, shot
sortir un film	to release a film	
avoir pour vedette, être en vedette	to star	
représenter, tourner (dans un film)	to feature	*att. en tant qu'acteur*
tourné en décors naturels	shot on location	location = *lieu*

Niveau 8 / 8

la photographie	photography	*sing. indén. ; cf. l'art photographique*
un photographe	a photographer	
une photo	a photograph	
ou :	a picture	
un sculpteur	a sculptor	
la sculpture (le genre)	sculpture	*la sculpture sur bois :* wood-carving
sculpter	to sculpture	*cf.* stone
ou :	to carve	*cf.* wood
les arts plastiques	plastic arts	
une école des beaux-arts	an art school / college	
le marché de l'art	the art market	
authentique	genuine	
un faux	a fake	*adj.* fake ; *falsifier :* to fake
gothique	Gothic	
roman	Romanesque	
imitation gothique	mock Gothic	
un expert	an expert	
un connaisseur	a connoisseur	*att. à l'ortho.*
un amateur d'art	an art lover	*celui qui aime les arts*
un mécène	a patron	
une vente aux enchères	an auction sale	

vendre aux enchères	to auction (off)	an auctioneer : *un commissaire priseur*
un marchand d'art	an art dealer	
des antiquités	antiques	
un antiquaire	an antique dealer	
un marché aux puces	a flea market	
commander (une œuvre)	to commission	
mettre en valeur	to enhance	
rehausser	to set off	to set, I set, set

Quelques exemples

7

- John Wayne starred in many classical westerns. — *John Wayne fut la vedette de nombreux westerns classiques.*
- That film by Billy Wilder was full of breathtaking developments. — *Ce film de B. Wilder était plein de rebondissements palpitants.*
- Too prestigious a cast often makes mediocre films. — *Une distribution trop prestigieuse rend souvent un film médiocre.*
- Hollywood releases its movies with such hype that they have to be blockbusters. — *Hollywood sort ses films avec une pub si tapageuse qu'ils sont obligatoirement des succès commerciaux.*

8

- Even more than painters, sculptors need rich patrons to promote their art. — *Plus encore que les peintres, les sculpteurs ont besoin de riches mécènes pour promouvoir leur art.*
- American billionaires used to commission mock Gothic palaces for their extensive art collections. — *Jadis les milliardaires américains se faisaient construire des palais gothiques pour accueillir leurs vastes collections d'objets d'art.*
- Even experts found it difficult to tell the difference between his fakes and genuine masterpieces. — *Même les experts avaient du mal à faire la différence entre ses faux et de véritables chefs-d'œuvre.*
- Photography is now regarded as an art form and early photographs reach high prices at auction sales. — *La photographie est maintenant considérée comme un art à part entière et les premiers clichés atteignent des prix élevés aux enchères.*

31. Religion

Niveau 1 / 7

la religion	religion	
religieux, croyant	religious	
Dieu	God	*sing. ; sans article*
un dieu	a god	*avec article pour un dieu païen*
une déesse	a goddess	
la foi	faith	*sing. indén.*
fidèle	faithful	*adv.* faithfully = *fidèlement*
un croyant	a believer	
une prière	a prayer	*dire ses prières :* to **say** one's prayers
une église	a church	
la messe	mass	*religion catholique*
ou :	service	*religion anglicane*
la Bible	the Bible	
biblique	biblical	
la morale	ethics	*att. sing.*
la conscience	conscience	*n.p.c. avec* consciousness = *la conscience intellectuelle*
la moralité	morals, morality	
la vérité	truth	*pas d'art. au sens général*
le péché	sin	*idem ; mais **un** péché* = **a** sin
le bien	Good	*sing. indén. ; pas d'art.*
le mal	Evil	*idem*
le bien contre le mal	Good versus Evil	*att.* the good (*adj. substantivé*) = *les bons, les gentils*
croire	to believe	
croire en Dieu	to believe in God	
aller à l'église, à la messe	to go to church	*att. pas d'art.*
prier	to pray	
assister à une messe	to attend a service	

Niveau 2 / 7

Noël	Christmas	*plus familier :* Xmas
Pâques	Easter	
le carême	Lent	*pas d'art.*
divin	divine	*att. à l'ortho.*
ou :	heavenly	
le Christ	Christ	*att. pas d'art.*

chrétien (adjectif)	christian	
le christianisme	Christianity	
un prêtre	a priest	
un curé	a parson	*religion anglicane*
ou :	a vicar	
un miracle	a miracle	*faire des miracles :* to **perform** miracles
une merveille	a wonder	wonderful = *merveilleux*
la vie éternelle	eternal life	*att. pas d'art.*
la vie après la mort	life after death	
l'âme	the soul	
le ciel ; les cieux	Heaven	*parfois au plur.*
le paradis	Paradise	*att. pas d'art.*
l'enfer	hell	*idem*
le diable	the devil	*diabolique :* devilish
consoler	to comfort	comfort : *la consolation, le réconfort*
pardonner	to forgive	I forgave, forgiven
mériter	to deserve	deserving = *méritant*
jeûner	to fast	
adorer	to worship	

Niveau 3 / 7

une cathédrale	a cathedral	
la cathédrale de Durham	Durham cathedral	*pas d'art.*
une croix	a cross	
un catholique	a catholic	*att. accent sur la première syllabe*
un protestant	a protestant	*idem*
le catholicisme	catholicism	*sing. indén. ; pas d'art.*
le protestantisme	protestantism	
anglican	Anglican	*d'où* Anglicanism
l'Église anglicane	the Church of England	*parfois* C. of E.
un puritain	a Puritan	*adj.* puritanical
juif (adj.)	Jewish	
un juif	a Jew	
une juive	a Jewess	
une synagogue	a synagogue	
un saint	a saint	*le saint patron :* the patron saint
un ange	an angel	
saint	holy	
diabolique	diabolical	*rappel : le diable :* the devil

spirituel	spiritual	
aller au ciel	to go to heaven	
aller en enfer	to go to hell	
to damn	damner	
pécher	to sin	*un pécheur :* a sinner
s'agenouiller	to kneel	I knelt, knelt
faire le signe de croix	to cross oneself	*att. de conjuguer :* I cross myself, etc.
jurer	to swear	I swore, sworn
pratiquer	to practise	US = to practice ; practising = *pratiquant*

Quelques exemples

1

- Today is religion the opium of the people, or is it football? — *Aujourd'hui, la religion est-elle l'opium du peuple, ou est-ce le football ?*
- Relatively few believers go to church every Sunday. — *Relativement peu de croyants vont à la messe tous les dimanches.*
- Faith rarely prevents humans from committing sins. — *La foi empêche rarement les humains de commettre des péchés.*
- Religious American families used to own only one book: the Bible. — *Jadis, les familles américaines croyantes ne possédaient qu'un seul livre : la Bible.*

2

- All Christians believe in life after death. — *Tous les chrétiens croient en une vie après la mort.*
- The idea that their souls will go to heaven comforts them. — *L'idée que leur âme ira au ciel les console.*
- Fewer and fewer people accept the existence of a Devil reigning in hell. — *De moins en moins de gens acceptent l'existence d'un diable régnant en enfer.*
- They fasted every Friday and for Lent to deserve their seat in Heaven. — *Ils jeûnaient chaque vendredi et pour le Carême pour mériter leur place au paradis.*
- Everyone finds it hard to forgive all offences. — *Tout le monde a du mal à pardonner toutes les offenses.*

3

- Some say that if you kneel and pray hard enough, you will believe… — *Certains disent que si vous vous agenouillez et priez assez fort, vous croirez.*
- Since Henry VIII, English kings and queens have been the heads of the Church of England. — *Depuis Henri VIII, les souverains anglais sont chefs de l'Église anglicane.*
- In the 17th century, Puritans left Britain to practise their faith in New England. — *Au XVIIe, les puritains quittèrent la Grande-Bretagne pour pratiquer leur religion en Nouvelle-Angleterre.*
- The new President swears on the Bible that he will faithfully serve his country. — *Le nouveau président jure sur la Bible de servir fidèlement son pays.*

Niveau 4 / 7

le monothéisme	monotheism	
le polythéisme	polytheism	
l'Islam	Islam	*pas d'art.*
un musulman	a moslem	
ou :	a Muslim	
le Coran	the Coran	*adj.* Coranic
le foulard (islamique)	the scarf	
une mosquée	a mosque	
l'Hindouisme	Hinduism	*att. à l'ortho.*
un Hindouiste	a Hindu	
le Bouddhisme	Buddhism	*cf.* a Buddhist
un temple	a temple	
un crucifix	a crucifix	*cf.* cross
une idole	an idol	
pieux	pious	*la piété :* piety
le repentir	repentance	*sing. indén. ; pas d'art.*
les Dix Commandements	the Ten Commandments	
le prochain (sens religieux)	neighbour	*premier sens : voisin*
ou :	fellow-creature	
laïque	lay	*un laïque :* a layman *(autre sens : néophyte)*
païen	pagan	*adj. ou nom*
ou :	heathen	*idem*
une tombe	a grave	graveyard = *cimetière*
un cimetière	a graveyard	
ou :	a churchyard	*situé près d'une église*
un non-croyant	a non-believer	
le deuil	mourning	
porter le deuil de qqn	to mourn s.o.	
enterrer	to bury	
crucifier	to crucify	
se repentir	to repent	*trans. direct*
absoudre	to absolve	

Niveau 5 / 7

l'au-delà	beyond the grave	*cf. au-delà de la tombe*
surnaturel	supernatural	
une bénédiction	a blessing	
l'Évangile	the Gospel	*mot à mot : parole de Dieu*
un apôtre	an apostle	
un prophète	a prophet	*prophétiser :* to prophesize

le Messie	the Messiah	
le pape	the Pope	
un évêque	a bishop	*archevêque* = archbishop
une nonne	a nun	
un moine	a monk	*d'où* monkey *(singe) = littéralement « petit moine »*
un cloître	a cloister	
un monastère	a monastery	
une abbaye	an abbey	
un couvent	a convent	*att. à l'ortho.*
un cantique	a hymn	
un fléau	a plague	*autre sens : la peste*
un fléau, une punition divine	a scourge	
l'apocalypse (la fin du monde)	Apocalypse	*pas d'art. ; cf.* the end of the world
ou :	Armageddon	*cf. combat et destruction finale*
le Jugement dernier	Doomsday	
la vertu	virtue	
le vice	vice	
un athée	an atheist	
bénir	to bless	
prêcher	to preach	
être dédié, consacré (à)	to be dedicated (to)	

Niveau 6 / 7

le Seigneur	the Lord	
le Saint-Esprit	the Holy Ghost	ghost = *esprit, fantôme*
le baptême	christening	
ou :	baptism	
l'assemblée des fidèles, les ouailles	the congregation	*cf.* to congregate = *se rassembler*
le clergé	the clergy	
l'Inquisition	the Inquisition	*adj.* Inquisitional
avant Jésus-Christ	before Christ	*abrév.* B.C.
après Jésus-Christ	anno domini	*abrév.* A.D.
l'Ancien Testament	the Old Testament	
le Nouveau Testament	the New Testament	
un martyr	a martyr	*la personne*
le martyre	martyrdom	*les supplices*
la résurrection	resurrection	*sing. indén. ; pas d'art.*
le remords	remorse	*idem*

l'intégrisme, le fanatisme	fundamentalism	*idem*
un intégriste	a fundamentalist	
une secte	a sect	
un culte	a cult	
un téléprédicateur	a televangelist	
superstitieux	superstitious	*la superstition :* superstition
méchant	wicked	*la méchanceté :* wickedness
digne, méritant	worthy	*souvent employé ironiquement*
une croyance	a creed	
un sanctuaire	a shrine	*tombeau, reliques etc.*
un pélerin	a pilgrim	*un pélerinage :* a pilgrimage
aller en pélerinage	to go **on** a pilgrimage	*att. à la prép.*
baptiser	to christen	
convertir (à une foi)	to convert	
(se) confesser	to confess	**+ to + -ing** *(ou nom)*

Quelques exemples

4

- A good Moslem should say his prayers five times a day. — *Un bon musulman devrait dire ses prières cinq fois par jour.*
- In Hinduism the faithful choose the gods and goddesses that suit them best. — *Dans l'Hindouisme, les fidèles choisissent le dieu ou la déesse qui leur convient le mieux.*
- Those who had committed suicide could not be buried in consecrated churchyards. — *Ceux qui s'étaient suicidés ne pouvaient être enterrés dans des cimetières consacrés.*
- In lay France church and state have been separate since the Revolution. — *Dans la France laïque, l'église et l'État sont séparés depuis la Révolution.*

5

- The Pope blessed the crowd and started to preach against contraception. — *Le pape bénit la foule et se mit à prêcher contre la contraception.*
- Our ancestors thought that plague was a scourge to punish them for their sins. — *Nos aïeux pensaient que la peste était une punition divine pour leurs péchés.*
- While other monks spent their days singing hymns, the Reverend made his elixir... — *Pendant que les autres moines passaient leurs jours à chanter des cantiques, le Révérend fabriquait son élixir...*
- Some preachers predicted Armageddon for the Year 2000! — *Certains prédicateurs annonçaient l'embrasement final pour l'An 2000 !*

6

- In the Middle Ages many people went on a pilgrimage to Canterbury. — *Au Moyen Âge, beaucoup de gens allaient en pélerinage à Cantorbéry.*
- In the USA a good televangelist is able to perform miracles live. — *Aux États-Unis, un bon téléprédicateur est capable de faire des miracles en direct.*
- Under inquisitional torture people confessed to committing many heinous crimes... — *Sous la torture de l'Inquisition, les gens avouaient avoir commis beaucoup de crimes odieux...*
- Fundamentalists of all creeds are ready to face martyrdom at any time. — *Les intégristes de toutes croyances sont prêts à affronter le martyre à tout moment.*

Niveau 7 / 7

une paroisse	a parish	parochial : *paroissial, de clocher*
une guerre de religion	a religious war	
le purgatoire	Purgatory	
un pogrome	a pogrom	
une sorcière	a witch	
la sorcellerie	witchcraft, sorcery	
une chasse aux sorcières	a witchhunt	
une croisade	a crusade	
un sacrifice	a sacrifice	
la crainte religieuse (peur de Dieu)	awe	*d'où* awful *(affreux), et* awesome *(qui inspire l'effroi)*
le zèle (religieux)	zeal	
un fanatique	a zealot	
un libre penseur	a free thinker	
l'hypocrisie	hypocrisy	*sing. indén. ; pas d'art.*
hypocrite (adj.)	hypocritical	*un hypocrite :* a hypocrite
anticlérical	anticlerical	
un hérétique	a heretic	*adjectif :* heretical
mécréant, impie	impious	
un mécréant	a miscreant	
sacrifier	to sacrifice	
persécuter	to persecute	
cautionner	to condone	
fermer les yeux sur	to turn a blind eye on	*mot à mot : tourner un œil aveugle sur*

Quelques exemples

7

- Crusades were often an excuse to pillage rich Muslim shrines. — *Les croisades furent souvent un prétexte pour piller de riches sanctuaires musulmans.*
- In medieval Italy, free thinkers always risked being burnt as heretics. — *Dans l'Italie médiévale, les libres penseurs risquaient toujours d'être brûlés comme hérétiques.*
- Puritan zealots launched into abominable witchhunts in 18th-century New England. — *Dans la Nouvelle-Angleterre du XVIIIe, les puritains fanatiques se lancèrent dans d'atroces chasses aux sorcières .*
- Did the Vatican hypocritically turn a blind eye on Nazi persecutions? — *Le Vatican ferma-t-il hypocritement les yeux sur les persécutions nazies ?*

Annexe 1
Repères géographiques

1

la géographie	geography	*sing. indén. ; pas d'art.*
un repère	a landmark	
le nord	the north	
le sud	the south	
l'est	the east	
l'ouest	the west	
le monde	the world	
mondial	global	*adv.* globally
la terre	(the) earth	
un pays	a country	
un continent	a continent	*adj.* continental
une nation, un pays	a nation	*adj.* national
un état	a state	
un peuple	a people	*plur.* peoples
une frontière	a border	*franchir une frontière :* to cross a border
à l'étranger	abroad	*adv.*
une province	a province	*adj.* provincial ; *la province :* the province**s**
une capitale	a capital (city)	
habiter	to inhabit	*trans. ; ou* to live in
inhabité	uninhabited	
surpeuplé	overpopulated	
très peuplé	populous	
faiblement peuplé	sparsely populated	
grand, étendu, important	large	*et non* important
rural	rural	
urbain	urban	
minuscule	tiny	
limiter	to limit	

2

une terre, un pays	a land	*sens affectif ou patriotique*
la patrie	the fatherland	
la langue	the language	
ou :	the tongue	*désigne aussi l'organe*
la langue maternelle	the mother tongue	
l'hymne national	the national anthem	
étranger	foreign	*adj. ; un étranger :* a foreigner

un territoire	a territory	*adj.* territorial
une zone, une région	an area	*autre sens : surface*
un limite	a boundary	
une comté	a county	*subdivision historique et administrative en GB*
un district	a district	
un voisinage, un quartier	a neighbourhood	a neighbour = *un voisin ; voisin (adj.) :* neighbouring
un lac	a lake	
une chaîne de montagnes	a mountain range	
un sommet	a summit	
un pic	a peak	
une île	an island	isle *n'est utilisé que dans des noms propres :* Isle of Man, British Isles
une péninsule	a peninsula	
une côte	a coast	
le pôle nord / sud	the North / South Pole	
septentrional, du nord	northern	*adj.*
méridional, du sud	southern	*adj.*
oriental, de l'est	eastern	*adj.*
occidental, de l'ouest	western	*adj.*
être situé, se trouver	to lie	I lay, lain ; *autre sens : être couché*
s'étendre, s'étirer	to stretch	

3

au nord / sud de	north / south of	*si c'est à l'extérieur du repère*
ou :	in the north / south of	*si c'est à l'intérieur du repère*
patriotique	patriotic	*nom :* a patriot
chauvin	chauvinistic	*nom :* a chauvinist
une principauté	a principality	
une pomme de discorde	a bone of contention	to contend : *contester*
une colonie	a colony	
ou :	a settlement	*cf. aussi un comptoir*
un colon	a colonist	
ou :	a settler	
coloniser	to settle	*trans. direct*
ou :	to colonise	*si c'est au sens de conquérir*
un territoire à conquérir	a frontier	*cf. le Far West*
un pionnier	a pioneer	to pioneer : *être précurseur*
conquérir	to conquer	
une conquête	a conquest	

annexer	to annex	
une réserve	a reservation	
un Amérindien	an American Indian	*cf. aussi* Red Indian
le Far West	the Wild West	*att. au faux ami*
un Juif / une Juive	a Jew / a Jewess	*adj.* Jewish
un Arabe	an Arab	
l'arabe	Arabic	*la langue*
un Hispanique	a Hispanic	
la rétrocession de HongKong	the Hong Kong Handover	*jusqu'en 1997 HK faisait partie de l'Empire britannique*

4

l'Allemagne	Germany	*att. en général, les noms de pays ne sont pas précédés de l'article défini*
l'Espagne	Spain	
l'Arabie Saoudite	Saudi Arabia	the Arabian Nights = *Les Mille et Une Nuits*
la Lettonie	Latvia	
l'Afrique du Sud	South Africa	South *et non* Southern : *pour les zones géographiquement ou administrativement définies, on emploie peu l'adj. en* -ern
la Corée	Korea	North Korea / South Korea
l'île Maurice	Mauritius	
les Pays Bas	**the** Netherlands	*att. art. : exception à la règle*
les États-Unis	**the** United States	*idem*
le Royaume-Uni	**the** United Kingdom	*idem*
l'Union soviétique	**the** Soviet Union	*idem ; cf.* **the** (ex) USSR
la Côte-d'Ivoire	**the** Ivory Coast	*idem*
la Tchéquie	**the** Czech Republic	*idem ; la Tchécoslovaquie :* Czechoslovakia
le Monde occidental	the Western World	
le sud de la France	Southern France	*cf. la France méridioanle*
l'Asie du Sud-Est	South East Asia	
l'Extrême-Orient	the Far East	
le Moyen-Orient	the Middle East	
le Proche-Orient	the Near East	
le Canal de Suez	the Suez Canal	a canal, *plur.* canals
des tapis d'Orient	oriental carpets / rugs	

European countries

« Generic plural » désigne l'ensemble de la population (100 %). Exemple : Autrefois, les Français ne buvaient que du vin et les Allemands de la bière ; les Anglais avaient leur thé. = Formerly the French only drank wine and the Germans beer; the English had their tea.

« Specific plural » désigne un certain nombre d'individus, mais pas l'ensemble du groupe. Exemple : Il y avait trois Belges, cinq Portugais et quelques Britanniques, les autres étaient des Néerlandais. = There were three Belgians, five Portuguese and a few Britons, the rest were Dutchmen.

name of country	adjective	specific singular	specific plural	generic plural
Albania	Albanian	an Albanian	Albanians	the Albanians
Andorra	Andorran	an Andorran	Andorrans	the Andorrans
Austria	Austrian	an Austrian	Austrians	the Austrians
Belgium	Belgian	a Belgian	Belgians	the Belgians
Bosnia	Bosnian	a Bosnian	Bosnians	the Bosnians
Bulgaria	Bulgarian	a Bulgarian	Bulgarians	the Bulgarians
Croatia	Croatian	a Croatian	Croatians	the Croatians
Czechoslovakia, the Czech Republic	Czech	a Czech	Czechs	the Czechs
Denmark	Danish	a Dane	Danes	the Danes
England	English	an Englishman	Englishmen	the English
Estonia	Estonian	an Estonian	Estonians	the Estonians
Finland	Finnish	a Finn	Finns	the Finns
France	French	a Frenchman	Frenchmen	the French, French people
Germany	German	a German	Germans	the Germans
Great Britan	British	a Briton	Britons	the British, British people
Greece	Greek	a Greek	Greeks	the Greeks
Hungary	Hungarian	a Hungarian	Hungarians	the Hungarians
Iceland	Icelandic	an Icelander	Icelanders	the Icelanders
Ireland	Irish	an Irishman	Irishmen	the Irish, Irish people
Italy	Italian	an Italian	Italians	the Italians
Kosovo	Kosovar	a Kosovar	Kosovars	the Kosovars
Latvia	Latvian	a Latvian	Latvians	the Latvians
Lithuania	Lithuanian	a Lithuanian	Lithuanians	the Lithuanians
Luxemburg	Luxemburger	a Luxemburger	Luxemburgers	the Luxemburgers
Macedonia	Macedonian	a Macedonian	Macedonians	the Macedonians
Malta	Maltese	a Maltese	Maltese	the Maltese

the Netherlands	Dutch	a Dutchman	Dutchmen	the Dutch, Dutch people
Norway	Norwegian	a Norwegian	Norwegians	the Norwegians
Poland	Polish	a Pole	Poles	the Poles
Portugal	Portuguese	a Portuguese	Portuguese	the Portuguese
Romania	Romanian	a Romanian	Romanians	the Romanians
Russia	Russian	a Russian	Russians	the Russians
Scotland	Scottish	a Scot	Scots	the Scots
Slovakia	Slovak	a Slovak	Slovaks	the Slovaks
Spain	Spanish	a Spaniard	Spaniards	the Spaniards
Sweden	Swedish	a Swede	Swedes	the Swedes
Switzerland	Swiss	a Swiss	Swiss people	the Swiss
Turkey	Turkish	a Turk	Turks	the Turks
the Ukraine	Ukranian	a Ukranian	Ukranians	the Ukranians
Wales	Welsh	a Welshman	Welshmen	the Welsh, Welsh people
Yugoslavia	Yugoslav	a Yugoslav	Yugoslavs	the Yugoslavs

A few other countries

name of country	adjective	specific singular	specific plural	generic plural
Afghanistan	Afghani	an Afghan	Afghans	the Afghans
Algeria	Algerian	an Algerian	Algerians	the Algerians
Argentina	Argentinian	an Argentinian	Argentinians	the Argentinians
Australia	Australian	an Australian	Australians	the Australians
Brazil	Brazilian	a Brazilian	Brazilians	the Brazilians
Cambodia	Cambodian	a Cambodian	Cambodians	the Cambodians
Canada	Canadian	a Canadian	Canadians	the Canadians
Chechnya	Chechen	a Chechen	Chechens	the Chechens
Chile	Chilean	a Chilean	Chileans	the Chileans
China	Chinese	a Chinese	Chinese	the Chinese
Colombia	Colombian	a Colombian	Colombians	the Colombians
(the) Congo	Congolan	a Congolan	Congolans	the Congolans
Egypt	Egyptian	an Egyptian	Egyptians	the Egyptians
Ethiopia	Ethiopian	an Ethiopian	Ethiopians	the Ethiopians
India	Indian	an Indian	Indians	the Indians
Indonesia	Indonesian	an Indonesian	Indonesians	the Indonesians
Iran	Iranian	an Iranian	Iranians	the Iranians
Ira**q**	Ira**q**i	an Ira**q**i	Ira**q**is	the Ira**q**is
Israel	Israeli	an Israeli	Israelis	the Israelis
Korea	Korean	a Korean	Koreans	the Koreans
Kurdistan	Kurdish	a Kurd	Kurds	the Kurds
Jap**a**n	Jap**a**nese	a Jap**a**nese	Jap**a**nese	the Jap**a**nese

Kenya	Kenyan	a Kenyan	Kenyans	the Kenyans
Kuwait	Kuwaiti	a Kuwaiti	Kuwaitis	the Kuwaitis
Lebanon	Lebanese	a Lebanese	Lebanese	the Lebanese
Libya	Libyan	a Libyan	Libyans	the Libyans
Mexico	Mexican	a Mexican	Mexicans	the Mexicans
Morocco	Moroccan	a Moroccan	Moroccans	the Moroccans
New Zealand	New Zealander	a New Zealander	New Zealanders	the New Zealanders
Pakistan	Pakistani	a Pakistani	Pakistanis	the Pakistanis
Palestine	Palestinian	a Palestinian	Palestinians	the Palestinians
Panama	Panamanian	a Panamanian	Panamanians	the Panamanians
Peru	Peruvian	a Peruvian	Peruvians	the Peruvians
the Philippines	Filipino	a Filipino	Filipinos	the Filipinos
Saudi Arabia	Saudi	a Saudi	Saudis	the Saudis
Senegal	Senegalese	a Senegalese	Senegalese	the Senegalese
(the) Sudan	Sudanese	a Sudanese	Sudanese	the Sudanese
Syria	Syrian	a Syrian	Syrians	the Syrians
Taiwan	Taiwanese	a Taiwanese	Taiwanese	the Taiwanese
Thailand	Thai	a Thai	Thais	the Thais
Tibet	Tibetan	a Tibetan	Tibetans	the Tibetans
Tunisia	Tunisian	a Tunisian	Tunisians	the Tunisians
Venezuela	Venezuelan	a Venezuelan	Venezuelans	the Venezuelans
Vietnam	Vietnamese	a Vietnamese	Vietnamese	the Vietnamese

Les listes qui suivent ne sont pas exhaustives. Elles regroupent les principaux repères géographiques dont les noms anglais présentent des différences par rapport aux noms français.

Continents	
l'Afrique	Africa
l'Amérique du Nord	North America
l'Amérique du Sud	South America
l'Antarctique	Antarctica
l'Asie	Asia
l'Australasie	Australasia
l'Europe	Europe
l'Océanie	Oceania

Seas and rivers

la Manche	the (English) Channel
le Pas-de-Calais	the Straits of Dover
l'océan Atlantique	the Atlantic Ocean
l'océan Pacifique	the Pacific Ocean
l'océan Indien	the Indian Ocean
la Méditerranée	the Mediterranean
la mer du Nord	the North Sea
la mer d'Irlande	the Irish Sea
la mer des Caraïbes	the Caribbean Sea
le golfe Persique	the Persian Gulf
le golfe de Gascogne	the Bay of Biscay
le cap de Bonne-Espérance	Cape Hope
le Nil	the Nile
le Rhin	the Rhine
la Tamise	the Thames
le Tigre	the Tigris
les Chutes du Niagara	Niagara Falls

Regions

les Antilles	the West Indies
les Alpes	the Alps
les Appalaches	the Appalachians
les Balkans	the Balkans
la Bavière	Bavaria
la Bohème	Bohemia
la Bourgogne	Burgundy
la Bretagne	Brittany
le Cachemire	Kashmir
le Caucase	Caucasus
la Corse	Corsica
la Côte d'Azur	the (French) Riviera
l'Himalaya	the Himalayas
la Hollande	Holland
les îles Anglo-Normandes	the Channel Islands
les Baléares	the Balearic Islands
les îles Britanniques	the British Isles
le midi (de la France)	Southern France
les montagnes Rocheuses	the Rockies
le Nouveau-Mexique	New Mexico
la Nouvelle-Angleterre	New England
les Orcades	Orkney
l'Oural	the Urals
la Prusse	Prussia

Cities	
Aix-la-Chapelle	Aachen
Alger	Algiers
Anvers	Antwerp
Azincourt	Agincourt
Athènes	Athens
Brême	Bremen
Bruxelles	Brussels
Copenhague	Copenhagen
Cracovie	Crakow
Douvres	Dover
Dresde	Dresden
Dunkerque	Dunkirk
Édimbourg	Edinburgh
Francfort	Frankfurt
Gand	Ghent
Genève	Geneva
Hambourg	Hamburg
La Haye	the Hague
La Nouvelle-Delhi	New Delhi
La Nouvelle-Orléans	New Orleans
Le Caire	Cairo
Le Cap	Cape Town
Lisbonne	Lisbon
Londres	London
Lyon	Lyons
Marseille	Marseilles
Moscou	Moscow
Mexico	Mexico City
Pékin	Peking
Porto	Oporto
Strasbourg	Strasburg
Varsovie	Warsaw
Venise	Venice
Vienne	Vienna

!

- Europeans are now free to cross the borders of neighbouring states. — *Les Européens sont maintenant libres de franchir les frontières des états voisins.*
- The European Union has managed to bring together traditionally rival peoples. — *L'Union européenne a réussi à rassembler des peuples traditionnellement rivaux.*
- Over the centuries the tiny states of the Balkans have known many wars. — *Au fil des siècles, les minuscules états balkaniques ont connu bien des guerres.*

• The south of England is so overpopulated that many English people choose to live abroad.	*Le sud de l'Angleterre est tellement surpeuplé que beaucoup d'Anglais choisissent de vivre à l'étranger.*

2

• American politicians love to describe the United States as a "Land of Opportunity".	*Les politiciens américains aiment à décrire les États-Unis comme « terre où chacun à sa chance ».*
• The highest mountain range in Europe, the Alps, is about half as high as the Himalayas.	*La plus haute chaîne de montagnes en Europe, les Alpes, est à peu près deux fois moins élevée que l'Himalaya.*
• Chile stretches over 2,000 miles along the Pacific coast of South America.	*Le Chili s'étire sur plus de 3 000 kms le long de la côte Pacifique de l'Amérique du Sud.*
• All youngsters should learn to speak two foreign languages on top of their mother tongue.	*Tous les jeunes devraient apprendre deux langues étrangères en plus de leur langue maternelle.*
• Western Europe still enjoys significantly higher living standards than its eastern neighbours.	*L'Europe de l'Ouest jouit encore d'un niveau de vie considérablement plus élevé que ses voisins de l'Est.*

3

• As every Briton knows, Agincourt lies in the north of France, to the west of Arras.	*Comme tout Britannique sait, Azincourt se trouve dans le nord fe la France, à l'ouest d'Arras.*
• British Puritans settled the coast of New England in the early 17th century.	*Des Puritains britanniques colonisèrent la côte de Nouvelle-Angleterre au début du XVIIe siècle.*
• White settlers gradually annexed Indian territories and parked the natives on inhospitable reservations.	*Peu à peu, les colons blancs annexèrent les territoires des Amérindiens et parquèrent les autochtones dans des réserves inhospitalières.*
• The Battle of Wounded Knee marked the end of the Frontier: the Wild West was colonized.	*La bataille de Wounded Knee marqua la fin de la « frontière » : le Far West était colonisé.*
• The British finally handed over Hong Kong to the Chinese in July 1997.	*Finalement, les Britanniques rétrocédèrent HongKong à la Chine en juillet 1997.*

4

• Built in 1868, the Suez Canal shortened the passage to India by half.	*Construit en 1868, le Canal de Suez réduisait de moitié la traversée vers l'Inde.*
• The most exquisite oriental rugs are of Iranian, Afghani and Kashmiri origin.	*Les plus fins tapis d'orient viennent d'Iran, d'Afghanistan et du Cachemire.*
• Will there ever be lasting peace in the Near East? Will Jews and Arabs ever agree?	*Y aura-t-il jamais une paix durable eu Proche-Orient ? Les Juifs et les Arabes s'accorderont-ils un jour ?*
• Make no mistake: Holland is only a province of the Netherlands and the Dutch are not to be confused with the Germans!	*Ne vous méprenez pas : la Hollande n'est qu'une province des Pays Bas et les Néerlandais ne doivent pas être confondus avec les Allemands !*

Annexe 2
Commenter et débattre

Presenting a text

le texte porte sur…	the text deals **with…**	to deal, I dealt, dealt
ou :	the text bears **on…**	to bear, I bore, borne
l'extrait que nous avons à commenter	the excerpt / extract we have to comment **upon**	*att. à la prép.*
le texte à étudier est extrait de…	the text under study is an extract from…	*éviter* « is extracted from »
l'article date du 15 juillet 2003	the article is dated July 15th 2003	*ou* 15 July ; *ou* July 15
cet éditorial remonte à la fin des années 90	this editorial dates back to the late 1990s	
Cette nouvelle de Saki fut écrite en…	This short story **by** Saki was written in…	*att. à la prép.*
ce roman fut publié en…	the novel was first published in…	a publisher = *un éditeur*
cet enregistrement traite d'une tendance actuelle	this recording is about a current trend	
aborder un problème	to tackle a problem	
une question brûlante	a burning issue	
l'auteur aborde ici une question brûlante	here the author tackles a burning issue	
un sujet d'actualité	a topical question	
un problème de société	a social issue	
ce texte se divise en trois parties	this text falls into three parts	

Enumerating / Summing up

à première vue, au premier abord	at first sight	
tout d'abord	first and foremost	
d'abord, dans un premier temps	first, firstly	*n.p.c. avec* a first time *(= une première fois)*
à première vue	on the face of it	
deuxièmement	secondly	
troisièmement	the third point is	
ensuite	then	
à part cela	apart from that	
de plus	moreover	

ou :	furthermore	
ou :	in addition to this	
en outre	besides	beside *(prép.) = à côté de*
enfin	last, lastly	at last *est purement temporel, ne pas l'utiliser dans une énumération d'idées*
surtout	above all	
enfin et surtout	last but not least	*cf.* the least = *le moindre*
pour résumer, nous pouvons dire…	to sum up the text we can say…	
en un mot	in a word	
en bref	in short	
pour faire court	to cut a long story short	

Analyzing an article

exprimer une idée	to express an idea	
avancer une opinion, un avis	to put forward an opinion	
faire valoir un argument	to make a point	
un simple énoncé des faits	a bare statement of facts	
citer un exemple	to quote an example	
les arguments pour / contre	the case for / against	[keis]
dans le cas présent (le cas qui nous occupe)	in the present case	
être en jeu	to be at stake	
l'idée principale	the main idea	
le nœud du problème	the crux of the matter	
le journaliste nous explique que	the journalist explains (**to** us) that	
vouloir dire (par)	to mean (by)	I meant, meant
l'auteur s'intéresse surtout à	the author is mainly concerned with	
une attitude intransigeante	an uncompromising attitude	
se montrer critique à l'égard de	to be critical **of**	
dresser un parallèle entre… et…	to draw a parallel between… and…	to draw, I drew, drawn
c'est-à-dire	that is to say	
adresser des critiques à	to level criticism **at**	
être éclairé sur un sujet	to get an insight **into** a subject	
s'engager	to be committed	
réservé, qui ne se compromet pas	non-committal	

attirer l'attention du lecteur sur	to draw the reader's attention **to**	to draw, I drew, drawn ; *att. à l'art.*
plusieurs points se détachent dans ce passage	several points stand out in this passage	to stand, I stood, stood
ce texte est une critique sévère des tendances actuelles	this text is a sharp **criticism** of modern trends	*un critique littéraire :* a literary critic

Analyzing a literary text

la littérature victorienne	Victorian literature	*att. à l'ortho. ; règne de Victoria (1837-1901)*
le théâtre élisabéthain	Elizabethan drama	*n.p.c.* drama *(pièce de théâtre) et* tragedy ; *règne d'Elizabeth I (1558-1603)*
une comparaison **ou :**	a comparison a simile	*att. à l'ortho.* [simili]
il fait un large usage de la métaphore et de l'image	he makes extensive use of metaphors and images	
la valeur symbolique des couleurs et des images	the symbolical value of colours and images	
mettre en valeur	to enhance	
un contraste marqué	a sharp contrast	
un thème récurrent	a recurring theme	
un jeu de mots	a pun	
un récit humoristique	a humourous account	
une peinture ironique	an ironical depiction	*l'ironie :* irony [aironi]
une description réaliste	a realistic description	
un dialogue authentique	a true-to-life dialogue	[dail]
un style épique	an epic style	*une épopée :* an epic
une perception aigüe de	an acute perception of	
ses personnages secondaires sont quelque peu caricaturaux	his secondary characters are somewhat caricatural	
un rebondissement inattendu	an unexpected development	
une fin heureuse	a happy ending	*cf. un dénouement*
Shylock est l'incarnation même du mal	Shylock is the very embodiment of evil	to embody = *incarner*
le vers blanc	blank verse	*ou pentamètre non rimé* (unrhymed pentameter) *utilisé notamment par Shakespeare*
des rimes fixes	a fixed rhyme pattern	*att. à l'ortho.*

des règles prosodiques complexes	a complex stress pattern	a stress = *un accent tonique, une syllabe accentuée*
une inversion du rythme	a reversal of rhythm	*att. à l'ortho.*
ce poème communique un sentiment de mélancholie	this poem conveys a feeling of melancholy	*mélancholique :* melancholy
la conception que l'auteur a du monde	the author's outlook on the world	

Going deeper into a question

à y regarder de plus près	on closer examination	
un thème sous-jacent	an underlying theme	
en ce qui concerne l'auteur	as far as the author is concerned	
ou :	as for the author	
du point de vue de l'écrivain	from the writer's point of view	
le parti-pris de l'auteur	the author's bias	
il ne faut pas prendre cette affirmation au pied de la lettre	this statement is not to be taken to the letter	
d'où	hence	
or	now	*dans un raisonnement*
donc, par conséquent	therefore	
toutefois, quoi qu'il en soit	however	
en outre	besides	
inversement	conversely	
aller jusqu'à dire que	to go as far as saying that	*parfois* to go as far as **to say** that
il faut aussi noter que…	it is also to be noted that	
autrement dit	in other words	
d'une certaine manière	in a way	
à y bien réfléchir, tout bien considéré	all things considered	
ce passage me rappelle un roman de…	this passage reminds me **of** a novel **by…**	*attention aux prépositions*
d'une façon générale, nous pouvons dire que…	on the whole we can say that…	
en règle générale	as a rule	
par exemple	for example	
résoudre un problème	to solve a problem	*n.p.c. avec* to resolve *(décider)*
tout porte à croire que	there is every reason to believe that	
nous pouvons en conclure que	from this we may infer that	

cela implique que	it implies that	
de manière assez paradoxale	paradoxically enough	
dans un certain sens	in a sense	
tirer des conclusions trop hâtives	to jump **to** conclusions	*att. à la prép.*
aller au fond des choses	to dig **into** a question	
au vu de, face à	in view of	
en vue de réaliser…	with a view to achieving	*att. au gérondif*

Expressing one's opinion

Certainty / Doubt

mon avis est que	my opinion is that	
pour ma part, je pense que	I, for one, think	to think, I thought, thought
à ma connaissance	to the best of my knowledge	
il va sans dire que	it goes without saying	
en tout cas	in any case	
il est évident que	it is obvious that	
ou :	obviously	*l'anglais utilise volontiers un simple adverbe là où le français préfère une locution plus complexe*
insister sur	to stress	*trans. direct*
ou :	to emphasize	
mettre l'accent sur	to lay the emphasis **on**	to lay, I laid, laid *(poser, placer)*
la principale question est de savoir si	the main question is to know if	
c'est un point contestable	that is a moot point	
nous devons être conscients de	we have to be conscious / aware of	
cela reste à voir	it remains to be seen	*att. à l'inf. passif*
cela ne sert à rien de	it does not serve any purpose	
à cet égard	in this respect	
supposons que	let us suppose that	
nous pouvons supposer que	we may assume that	*une supposition :* an assumption
je n'en ai pas la moindre idée	I haven't got a clue	a clue = *un indice*
si je ne m'abuse	if I am not mistaken	to mistake, I mistook, mistaken
les deux idées sont étroitement liées	the two concepts are closely linked	
ne perdons pas de vue que	let us bear in mind that	to bear, I bore, borne

dans une certaine mesure	to a certain extent	
pour ainsi dire	so to speak	
avoir des préjugés contre	to be prejudiced / biased against	
je suis formel à ce sujet	I am positive about it	
il me semble me rappeler	I seem to remember	
selon toute vraisemblance	in all likelihood	
cela reste à voir	it remains to be seen	*att. à l'emploi de l'inf. passif*

Agreeing / disagreeing

soulever une objection	to raise an objection	
avoir raison	to **be** right	*att. au verbe*
avoir tort	to **be** wrong	*idem*
à juste titre	rightly	
à tort	wrongly	
là n'est pas le problème	that is not the point	
il n'y a rien qui prouve que…	there is no evidence that…	
on ne peut qu'être d'accord avec…	one cannot but agree with…	
en partie vrai	partly true	*la vérité :* truth
je réfute l'idée que…	I cannot accept the idea that…	
il est tout à fait pertinent de dire	it is quite relevant to say	
cette remarque n'a absolument aucune pertinence	this remark is totally irrelevant	
tout ce paragraphe est hors sujet	the whole paragraph is beside the point	*= à côté du sujet*
cela dépend du point de vue qu'on adopte	it depends **on** one's viewpoint	*att. à la prép.*
cela n'a rien à voir	it has nothing to do with it	
c'est précisément l'inverse	it is quite the opposite	quite = *tout à fait*
à quoi bon critiquer ?	what is the point of criticizing?	
il n'y a pas lieu de s'étendre sur le sujet	there is no point in dwelling on the subject	to dwell, I dwelt, dwelt *(demeurer, habiter)*
force est de convenir que	one cannot but admit that	*= on ne peut qu'admettre*
il est hors de doute qu'il a raison	beyond doubt he is right	beyond = *au-delà de*
une remarque péremptoire	a sweeping statement	to sweep, I swept, swept *(= balayer) ; marque un desaccord poli*

Annexe 3
Les verbes irréguliers

to abide	I abode	abode	*demeurer, respecter (la loi)*
to arise	I arose	arisen	*se lever*
to awake	I awoke	awoken	*s'éveiller*
to be	I was	been	*être*
to bear	I bore	borne	*porter, supporter*
to beat	I beat	beaten	*battre*
to become	I became	become	*devenir*
to begin	I began	begun	*commencer*
to behold	I beheld	beheld	*contempler*
to bend	I bent	bent	*courber, se courber*
to beseech	I besought	besought	*supplier*
to bet	I bet	bet	*parier*
to bid	I bade	bidden	*ordonner*
to bid	I bid	bid	*enchérir*
to bind	I bound	bound	*lier*
to bite	I bit	bitten	*mordre*
to bleed	I bled	bled	*saigner*
to blow	I blew	blown	*souffler*
to break	I broke	broken	*casser, briser*
to breed	I bred	bred	*élever, procréer*
to bring	I brought	brought	*apporter*
to build	I built	built	*construire, bâtir*
to burn	I burnt (burned)	burnt (burned)	*brûler*
to burst	I burst	burst	*éclater, exploser*
to buy	I bought	bought	*acheter*
to cast	I cast	cast	*lancer*
to catch	I caught	caught	*attraper*
to chide	I chid	chid (chidden)	*gronder*
to choose	I chose	chosen	*choisir*
to cleave	I cleft (clove)	cleft (cloven)	*fendre*
to cling	I clung	clung	*s'accrocher*
to clothe	I clad (clothed)	clad (clothed)	*s'habiller*
to come	I came	come	*venir*
to cost	I cost	cost	*coûter*
to creep	I crept	crept	*ramper, marcher sans bruit*
to cut	I cut	cut	*couper, réduire*
to dare	I durst (dared)	dared	*oser*

to deal	I dealt	dealt	*distribuer, traiter*
to dig	I dug	dug	*creuser, bêcher*
to do	I did	done	*faire*
to draw	I drew	drawn	*tirer, dessiner*
to dream	I dreamt (dreamed)	dreamt (dreamed)	*rêver*
to drink	I drank	drunk	*boire*
to drive	I drove	driven	*conduire, mener*
to dwell	I dwelt	dwelt	*demeurer, s'appesantir (sur un sujet)*
to eat	I ate	eaten	*manger*
to fall	I fell	fallen	*tomber*
to feed	I fed	fed	*nourrir*
to feel	I felt	felt	*ressentir, se sentir*
to fight	I fought	fought	*combattre, se battre*
to find	I found	found	*trouver*
to flee	I fled	fled	*s'enfuir*
to fling	I flung	flung	*lancer*
to fly	I flew	flown	*voler, piloter, voyager en avion*
to forbid	I forbade	forbidden	*interdire*
to forget	I forgot	forgotten	*oublier*
to forgive	I forgave	forgiven	*pardonner*
to forsake	I forsook	forsaken	*abandonner*
to freeze	I froze	frozen	*geler*
to get	I got	got	*obtenir*
to gild	I gilded	gilt (gilded)	*dorer*
to give	I gave	given	*donner*
to go	I went	gone	*aller*
to grind	I ground	ground	*moudre*
to grow	I grew	grown	*croître, (faire) pousser, grandir*
to hang	I hung	hung	*suspendre*
to have	I had	had	*avoir*
to hear	I heard	heard	*entendre*
to hew	I hewed	hewn	*tailler*
to hide	I hid	hidden	*(se) cacher*
to hit	I hit	hit	*frapper*
to hold	I held	held	*tenir*
to hurt	I hurt	hurt	*blesser, faire mal*
to keep	I kept	kept	*garder*
to kneel	I knelt	knelt	*s'agenouiller*
to knit	I knit (knitted)	knit (knitted)	*tricoter*
to know	I knew	known	*connaître, savoir*

to lay	I laid	laid	*étendre, poser*
to lead	I led	led	*mener, conduire*
to lean	I leant (leaned)	leant (leaned)	*se pencher, s'appuyer*
to leap	I leapt (leaped)	leapt (leaped)	*bondir*
to learn	I learnt (learned)	learnt (learned)	*apprendre*
to leave	I left	left	*laisser, quitter, partir*
to lend	I lent	lent	*prêter*
to let	I let	let	*laisser, louer (donner en location)*
to lie	I lay	lain	*être allongé, être situé*
to light	I lit (lighted)	lit (lighted)	*éclairer*
to lose	I lost	lost	*perdre*
to make	I made	made	*faire, fabriquer*
to mean	I meant	meant	*signifier, vouloir dire, havoir l'intention*
to meet	I met	met	*rencontrer*
to mistake	I mistook	mistaken	*se méprendre*
to mow	I mowed	mown (mowed)	*faucher, tondre*
to overcome	I overcame	overcome	*surmonter*
to pay	I paid	paid	*payer*
to put	I put	put	*poser, mettre*
to quit	I quit (quitted)	quit (quitted)	*quitter, partir, cesser*
to read	I read	read	*lire*
to rend	I rent	rent	*déchirer*
to rid	I rid	rid	*débarasser*
to ride	I rode	ridden	*aller à cheval (à vélo, à moto)*
to ring	I rang	rung	*sonner*
to rise	I rose	risen	*se lever*
to run	I ran	run	*courir*
to saw	I sawed	sawn (sawed)	*scier*
to say	I said	said	*dire*
to see	I saw	seen	*voir*
to seek	I sought	sought	*chercher, rechercher*
to sell	I sold	sold	*vendre*
to send	I sent	sent	*envoyer*
to set	I set	set	*poser, fixer*
to sew	I sewed	sewn	*coudre*
to shear	I shore	shorn	*tondre*
to shed	I shed	shed	*perdre (feuilles), verser (larmes)*
to shake	I shook	shaken	*secouer*
to shine	I shone	shone	*briller*
to shoe	I shod	shod	*chausser, ferrer*

to shoot	I shot	shot	*tirer (arme à feu), abattre*
to show	I showed	shown	*montrer*
to shrink	I shrank	shrunk	*rétrécir*
to shut	I shut	shut	*fermer*
to sing	I sang	sung	*chanter*
to sink	I sank	sunk	*s'enfoncer, couler*
to sit	I sat	sat	*être assis*
to slay	I slew	slain	*tuer (épée, lance)*
to sleep	I slept	slept	*dormir*
to slide	I slid	slid	*glisser*
to sling	I slung	slung	*jeter, lancer (avec une fronde)*
to slink	I slunk	slunk	*se dérober, entrer (sortir) en catimini*
to slit	I slit	slit	*fendre, trancher*
to smell	I smelt (smelled)	smelt (smelled)	*sentir (odorat)*
to smite	I smote	smitten	*frapper*
to sow	I sowed	sown	*semer*
to speak	I spoke	spoken	*parler*
to speed	I sped	sped	*(se) hâter*
to spell	I spelt	spelt	*épeler, orthographier*
to spend	I spent	spent	*dépenser, passer (temps)*
to spill	I spilt (spilled)	spilt (spilled)	*répandre, renverser*
to spin	I spun	spun	*filer (laine)*
to spit	I spat	spat	*cracher*
to split	I split	split	*(se) fendre, se séparer, partager*
to spoil	I spoilt (spoiled)	spoilt (spoiled)	*gâter*
to spread	I spread	spread	*étaler, se propager*
to spring	I sprang	sprung	*jailler, sauter*
to stand	I stood	stood	*être debout*
to steal	I stole	stolen	*dérober*
to stick	I stuck	stuck	*coller*
to sting	I stung	stung	*piquer*
to stink	I stank	stunk	*puer*
to strew	I strewed	strewn (strewed)	*joncher*
to stride	I strode	stridden	*aller à grands pas*
to strike	I struck	struck	*frapper*
to string	I strung	strung	*enfiler*
to strive	I strove	striven	*s'efforcer*
to swear	I swore	sworn	*jurer*
to sweep	I swept	swept	*balayer*
to swell	I swelled	swollen	*gonfler, enfler*
to swim	I swam	swum	*nager*

to swing	I swung	swung	*(se) balancer*
to take	I took	taken	*prendre*
to teach	I taught	taught	*enseigner*
to tear	I tore	torn	*déchirer*
to tell	I told	told	*raconter, dire*
to think	I thought	thought	*penser*
to thrive	I throve (thrived)	thriven (thrived)	*prospérer*
to throw	I threw	thrown	*jeter*
to thrust	I thrust	thrust	*pousser, fourrer*
to tread	I trod	trodden	*fouler aux pieds*
to understand	I understood	understood	*comprendre*
to upset	I upset	upset	*renverser, bouleverser*
to wake	I woke	woke(n)	*(s')éveiller*
to wear	I wore	worn	*porter (vêtements)*
to weave	I wove	woven	*tisser*
to weep	I wept	wept	*pleurer*
to win	I won	won	*gagner*
to wind	I wound	wound	*remonter*
to withdraw	I withdrew	withdrawn	*(se) retirer*
to withstand	I withstood	withstood	*résister*
to wring	I wrung	wrung	*tordre*
to write	I wrote	written	*écrire*

AUBIN IMPRIMEUR

Achevé d'imprimer en août 2012
N° d'impression 1206.0378
Dépôt légal, août 2012
Imprimé en France